Español Lengua Extranjera

Curso para adolescentes

¿Español? ¡Por supuesto!

1
A1

María Ángeles Palomino

Usa este código para acceder al
LIBRO DIGITAL
y al
BANCO DE RECURSOS
disponibles en

Ẽ digital
LE

www.anayaeledigital.es

edelsa
GRUPO DIDASCALIA, S.A.

Índice

¿Español? ¡Por supuesto!

0 Esto es español

Saludas, te presentas y te despides  CE. 1 (p. 4)

 1 Escucha y marca la foto correcta.

tu**aula**virtual
PISTA 1

2 Lee la información, observa las fotos y marca qué hacen en cada situación.

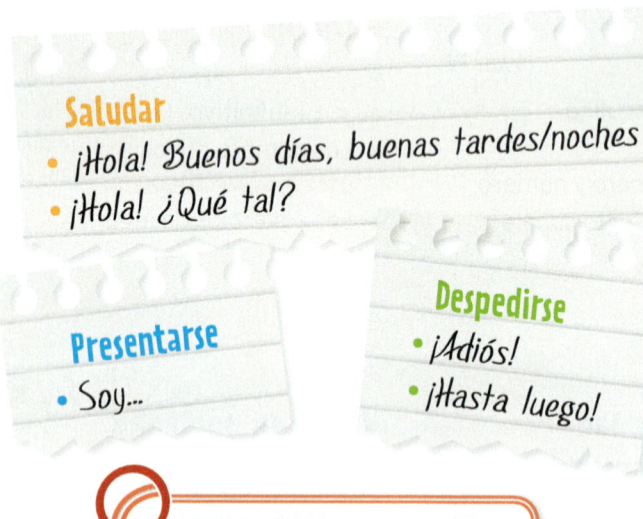

Saludar
- ¡Hola! Buenos días, buenas tardes/noches
- ¡Hola! ¿Qué tal?

Presentarse
- Soy...

Despedirse
- ¡Adiós!
- ¡Hasta luego!

- ¡Buenos días!
- ¡Buenas tardes!
- ¡Buenas noches!

1
a ☐ se despiden
b ☐ se presentan

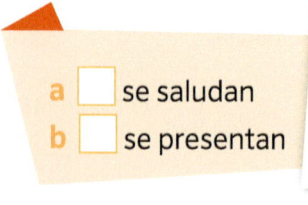 
2
a ☐ se saludan
b ☐ se presentan

3
a ☐ se despiden
b ☐ se presentan

3 Habla con tres compañeros de clase: saludas, te presentas y te despides.

¡Hola! Soy Sara. ¿Y tú?

(Saludas) .... *Yo soy...*

Aprendes el alfabeto

CE. 2 (p. 4)

LAS LETRAS

4 Escucha y completa el alfabeto con estas letras.

tuaulavirtual
PISTA **2**

G g
la *ge*

U u
la *u*

B b
la *be*

Las vocales:
a i u
e o

P p
la *pe*

X x
la *equis*

Ñ ñ
la *eñe*

R r
la *erre*

F f
la *efe*

A a
la *a*

_ _ _ _ _ _ _ _

C c
la *ce*

D d
la *de*

E e
la *e*

_ _ _ _ _ _ _ _

_ _ _ _ _ _ _ _

H h
la *hache*

I i
la *i*

J j
la *jota*

K k
la *ka*

L l
la *ele*

M m
la *eme*

N n
la *ene*

_ _ _ _ _ _ _ _

O o
la *o*

_ _ _ _ _ _ _ _

Q q
la *cu*

_ _ _ _ _ _ _ _

S s
la *ese*

T t
la *te*

_ _ _ _ _ _ _ _

V v
la *uve*

W w
la *uve doble*

_ _ _ _ _ _ _ _

Y y
la *i griega o ye*

Z z
la *zeta*

c+h se pronuncia *che*
l+l se pronuncia *elle*

Deletreas tu correo electrónico

5 María y Raquel hablan por Skype. Escucha y lee.

tuaulavirtual
PISTA 3

María	¿Tienes correo electrónico?
Raquel	Sí, claro. Es raqmuñozgil@gmail.es
María	raq... ¡Uf! ¿Cómo se escribe?
Raquel	Erre, a, cu, eme, u, eñe, o, zeta, ge, i, ele, arroba, gmail, punto, e, ese.
María	¡Genial! Gracias. 🙂

[Ahora tú]

6 Pregunta a dos compañeros su correo electrónico y completa tu agenda del móvil.

¿Tienes...?

LOS NÚMEROS

Cuentas del 0 (cero) al 10 (diez) — CE. 3 (p. 5)

7 Escucha y escribe los números que faltan.

tuaulavirtual
PISTA 4

a cinco
b
c
d seis
e
f dos
g cero
h
i cuatro
j siete

Así suena el español

CE. 4, 5 (p. 5)

8 Lee la regla y completa con estas palabras en el lugar adecuado.

Regla

Las palabras españolas tienen una sílaba fuerte.

- La sílaba fuerte es la última cuando las palabras terminan en consonante, excepto *n* o *s*.

  Raquel, _____ ,

- La sílaba fuerte es la penúltima sílaba cuando las palabras terminan en vocal, *n* o *s*.

  Carmen, _____ ,

Los otros casos llevan tilde (´).

Malú, _____ ,

Ángel, _____ ,

- Cuando la sílaba fuerte es la antepenúltima sílaba, siempre lleva tilde.

  Verónica, _____ ,

> El signo (´) sobre las vocales á, é, í, ó, ú se llama **tilde**.

perro

ordenador

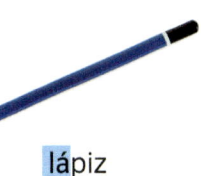
lápiz

silla

balón

cámara

música

móvil

rotulador

cojín

9 Ahora, escucha y comprueba tus respuestas.

tuaulavirtual
PISTA **5**

Los amigos de María

10 <u>Subraya</u> la sílaba fuerte de los nombres de los amigos de María.

1 Al-<u>ber</u>-to
2 Be-lén
3 Da-vid
4 Ma-ri-bel

5 Ni-co-lás
6 Bár-ba-ra
7 Car-los
8 En-ri-que

9 Mó-ni-ca
10 Car-men

[Ahora tú]

11 Lee los nombres anteriores. Levanta el brazo cuando dices la sílaba fuerte.

1 ¿Cómo te llamas?

Objetivos

1 Decir tu nombre y tu apellido

2 Decir cuántos años tienes

3 Decir dónde vives

▶ LÉXICO

- ✓ Los días de la semana
- ✓ Los números del 1 al 31

▶ COMUNICACIÓN

- ✓ Identificas personas
- ✓ Preguntas y das información personal: nombre, edad, ciudad

▶ GRAMÁTICA

- Los pronombres personales: *yo*, *tú*, *él/ella*, *nosotros/as*, *vosotros/as*, *ellos/as*
- El verbo *ser*
- Los verbos *llamarse*, *tener* y *vivir*
- Los interrogativos: *cuál*, *cuáles*, *cómo*, *cuándo*, *dónde*

Vivir en sociedad
- ❖ Utilizas *tú* y *usted*

 **ÁREA de Lengua**
- ❖ Frases afirmativas, interrogativas y exclamativas

 **MAGACÍN**
- ❖ Descubres España
- ❖ Proyecto cultural

Para empezar...
¡Prepárate!

MI NOMBRE

1 Escucha y escribe el nombre de cada chico.

tuaulavirtual
PISTA **6**

¡Hola! Me llamo
....

¡Hola! Me llamo
....

MI CUMPLEAÑOS

2 Completa el bocadillo con el número correcto en letras.

- diez (10)
- once (11)
- doce (12)

¡Hoy tengo ☐ años!

MI PAÍS

¡Vivo en España.

3 ¿Cuál es la bandera de España?

1
(uno)

2
(dos)

3
(tres)

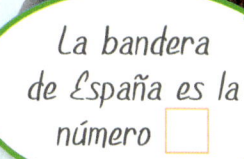

La bandera de España es la número ☐

1 Me llamo Adela

El BLOG De AdelA

JULIO

L	M	X
5	6	7
12	13	14
19	20	21
26	27	28

El nombre

Los apellidos

La ciudad

Hola.

Me llamo **Adela Duque Martín**.
Vivo en *Salamanca*.
Mi día favorito de la semana es el *domingo*.

Y tú, ¿cuál es tu día favorito?

Los números

El día de la semana

COMENTARIOS

Mi día favorito de la semana es...

Los amigos

Boby — el jueves

Lili — el martes

Katty — el sábado

El blog de Adela

1 Lee el blog y completa las frases.

1 El nombre de la chica es _____.

2 Los apellidos son _____.

3 El nombre de la ciudad es _____.

Los días de la semana

 2 Escucha y completa los nombres de los días de la semana.

tuaulavirtual
PISTA **7**

3 Lee el blog y di si es verdadero (**V**) o falso (**F**).

1 El día favorito de Lili es el lunes. ☐

2 El día favorito de Katty es el miércoles. ☐

3 El día favorito de Adela es el domingo. ☐

4 El día favorito de Boby es el jueves. ☐

Los números del 1 al 20

 4 Observa y completa los números. Luego, escucha y comprueba.

tuaulavirtual
PISTA **8**

5 Termina las series.

- Uno, tres, cinco...
- Dos, cuatro, seis...

Los números del 21 al 31

6 Observa y completa los números. Comprueba con tu compañero.

7 Di estos números.

| 27 | 30 | 23 | 29 | 21 | 25 |

[**Ahora tú**]

8 Contesta a la pregunta de Adela.

¿Cuál es tu día favorito de la semana?

Mi día favorito de la semana es el...

Los días de la semana

l_n_s
m_rt_s
m_érc_l_s
j__v_s
v__rn_s
sáb_d_
d_m_ng_

Los números del 1 al 20

1 uno
2 dos
3 tres
4 cuatro
5 cinco
6 seis
7 siete
8 ocho
9 nueve
10 diez
11 once
12 doce
13 trece
14 catorce
15 quince
16 dieciséis
17 dieci_____
18 dieci_____
19 dieci_____
20 veinte

Los números del 21 al 31

21 veintiuno
22 veintidós
23 _____trés
24 _____cuatro
25 _____cinco
26
27 veinti_____
28
29
30 treinta
31 _____ y uno

2 El equipo de baloncesto

Hoy es jueves, el equipo tiene entrenamiento

Marcos

Me llamo Elena. Tengo doce años y vivo en Madrid.

Lucas

Elena

María

Carmen

Entrenadora	¡Hola, chicos, buenas tardes! Soy la entrenadora, me llamo Carmen Medina Toledo. Y tú, ¿cómo te llamas?
María	Me llamo María.
Entrenadora	¿Tus apellidos?
María	Moreno Casas.
Entrenadora	Y vosotros, ¿quiénes sois?
Lucas	Yo soy Lucas Rubio Palacios y él es Marcos López Ruiz.
Entrenadora	Y tú eres...

Presentaciones  CE. 4 (p. 7)

 1 Escucha y lee cómo se presentan.

 **2** Ahora, completa la información de los chicos.

tuaulavirtual
PISTA **9**

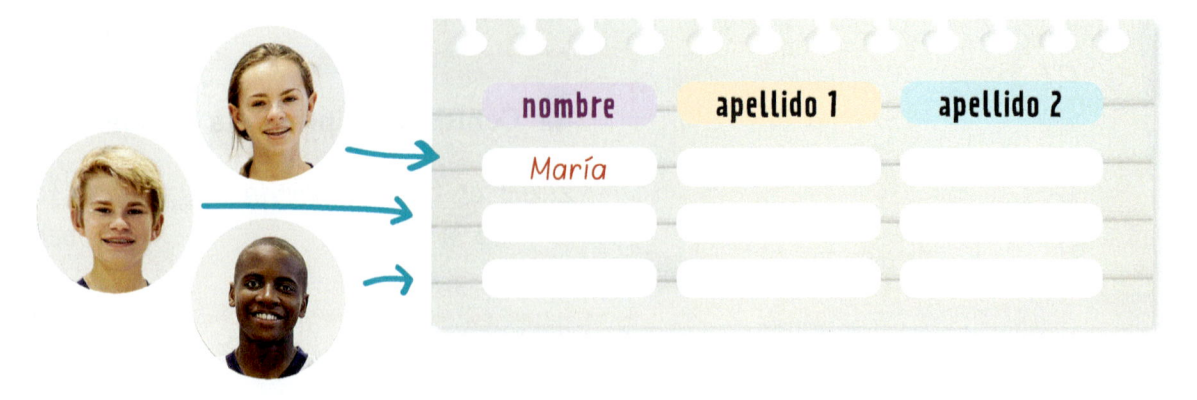

nombre	apellido 1	apellido 2
María		

Los pronombres personales y el verbo *ser*  CE. 5 (p. 7)

3 Lee el diálogo y relaciona cada pronombre con la forma adecuada del verbo *ser*.

1	yo	a	somos
2	tú	b	es
3	él, ella	c	son
4	nosotros/as	d	eres
5	vosotros/as	e	sois
6	ellos, ellas	f	soy

4 Completa con el verbo *ser*.

1 Hola, ¿quién ☐ (tú)?
2 ¿Quién ☐ (él)?
3 ¿Quiénes ☐ (ellos)?

• (Yo) ☐ Elena.
• (Él) ☐ el entrenador.
• (Ellos) Lucas y Víctor ☐ dos chicos del equipo de fútbol.

> Para preguntar por personas, usas: ¿Quién? ¿Quiénes?

5 Escribe preguntas como en el modelo.

1 ¿Quién es ella?

Los verbos *llamarse*, *tener* y *vivir* CE. 6 (p. 8)

6 Escribe en tu cuaderno presentaciones como en el modelo. Observa los verbos.

1 Nos llamamos Pedro y Lola. Tenemos 13 años y vivimos en Salamanca.

 nosotros
Pedro y Lola
13 - Salamanca

 tú
José
12 - Bilbao

 ellos
Nico y Hugo
10 - Madrid

 vosotras
Bea y Carmen
11 - Valencia

LLAMARSE

(yo)	me llamo
(tú)	te llamas
(él, ella)	se llama
(nosotros/as)	nos llamamos
(vosotros/as)	os llamáis
(ellos, ellas)	se llaman

TENER

tengo
tienes
tiene
tenemos
tenéis
tienen

VIVIR

vivo
vives
vive
vivimos
vivís
viven

[Ahora tú]

7 Das información personal. Preséntate, como Elena.

Jugamos al baloncesto

Víctor participa en el campeonato nacional de baloncesto

Sara / 12 años
La Coruña
1

Carlos / 13 años
Salamanca
13

CANARIAS

GALICIA

La Coruña ▢

CASTILLA Y LEÓN

Salamanca ▢

CATALUÑA

MADRID
Madrid ▢

Barcelona

Valencia ▢
VALENCIA

ANDALUCÍA

Granada ▢

Pablo / 11 años
Barcelona
5

Hugo / 12 años
Valencia
9

Víctor / 12 años
Madrid
6

Marta / 12 años
Granada
18

Nuevos amigos

1 Escucha la conversación entre estos chicos.

tuaulavirtual
PISTA 10

2 Lee y completa la conversación con la información de las fichas.

1 ¡Hola! Me llamo ⬜, y tú, ¿cómo ⬜?

2 Me llamo ⬜. ¿Cuántos años tienes?

3 Tengo ⬜ años. Vivo en ⬜. Y tú, ¿dónde ⬜?

4 En ⬜. ¿Cuál es el número de tu camiseta?

5 El ⬜. ¡Es mi número favorito!

3 Elige un chico o una chica del campeonato. Con tu compañero representa una conversación en clase.

Los interrogativos CE. 7, 8 (p. 8)

4 Lee las respuestas de Adela y relaciona cada una con la pregunta adecuada.

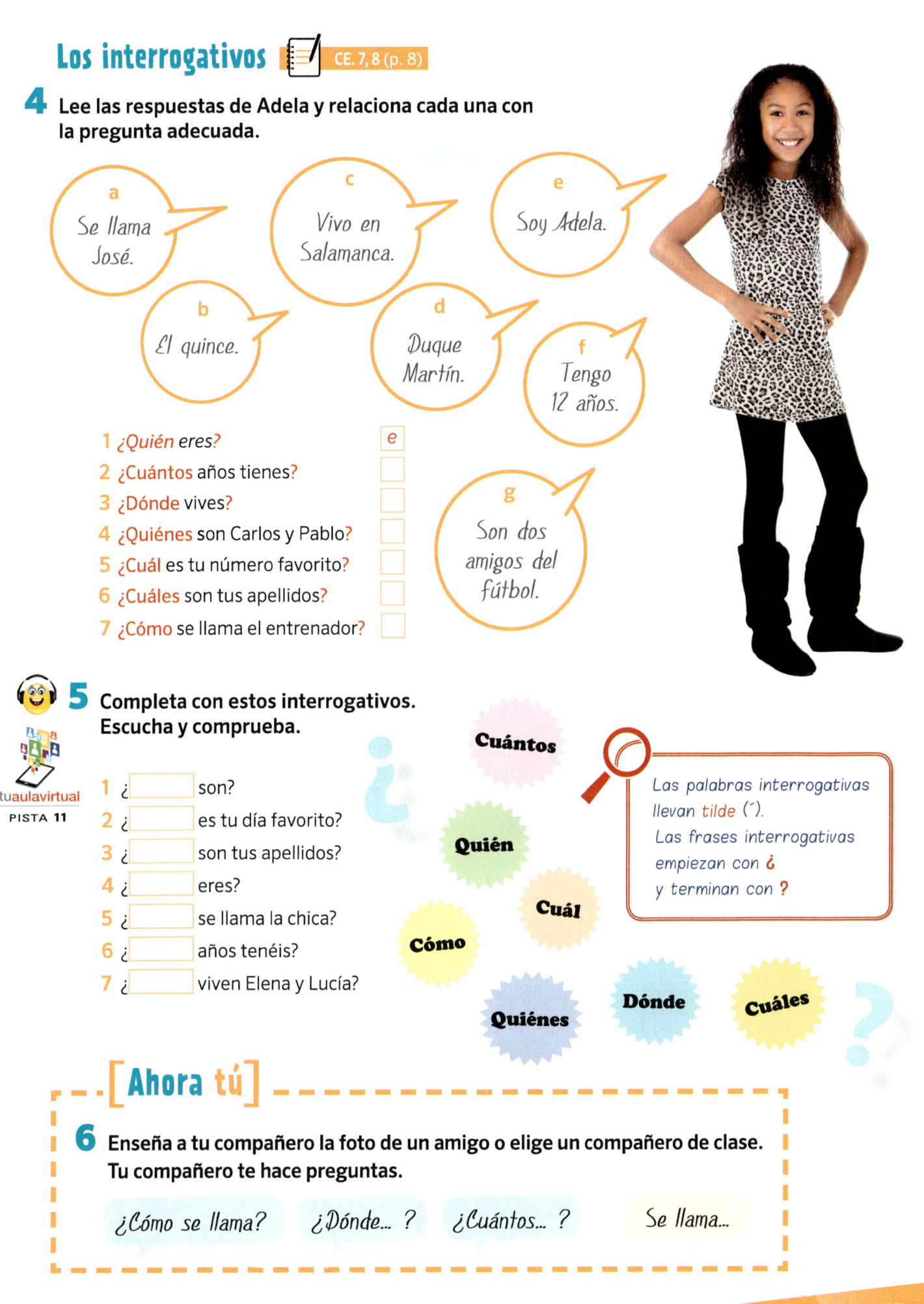

a Se llama José.

b El quince.

c Vivo en Salamanca.

d Duque Martín.

e Soy Adela.

f Tengo 12 años.

g Son dos amigos del fútbol.

1 ¿Quién eres? **e**
2 ¿Cuántos años tienes?
3 ¿Dónde vives?
4 ¿Quiénes son Carlos y Pablo?
5 ¿Cuál es tu número favorito?
6 ¿Cuáles son tus apellidos?
7 ¿Cómo se llama el entrenador?

5 Completa con estos interrogativos. Escucha y comprueba.

tuaulavirtual
PISTA 11

1 ¿_____ son?
2 ¿_____ es tu día favorito?
3 ¿_____ son tus apellidos?
4 ¿_____ eres?
5 ¿_____ se llama la chica?
6 ¿_____ años tenéis?
7 ¿_____ viven Elena y Lucía?

Cuántos · Quién · Cuál · Cómo · Quiénes · Dónde · Cuáles

> Las palabras interrogativas llevan tilde (´).
> Las frases interrogativas empiezan con ¿ y terminan con ?

[Ahora tú]

6 Enseña a tu compañero la foto de un amigo o elige un compañero de clase. Tu compañero te hace preguntas.

¿Cómo se llama?   ¿Dónde... ?   ¿Cuántos... ?   Se llama...

Repasas
la gramática

Escribe las respuestas en tu cuaderno

Los pronombres personales

1 Completa con los pronombres personales.

	SINGULAR		PLURAL	
			masculino	femenino
1.ª PERSONA	yo			
2.ª PERSONA				
	masculino	femenino	masculino	femenino
3.ª PERSONA				

2 Observa las imágenes y completa con un pronombre personal.

El verbo *ser*

3 Completa con las formas del verbo *ser*.

SER	
(yo)	soy
(tú)	eres
(él, ella)	es
(nosotros/as)	somos
(vosotros/as)	sois
(ellos/as)	son

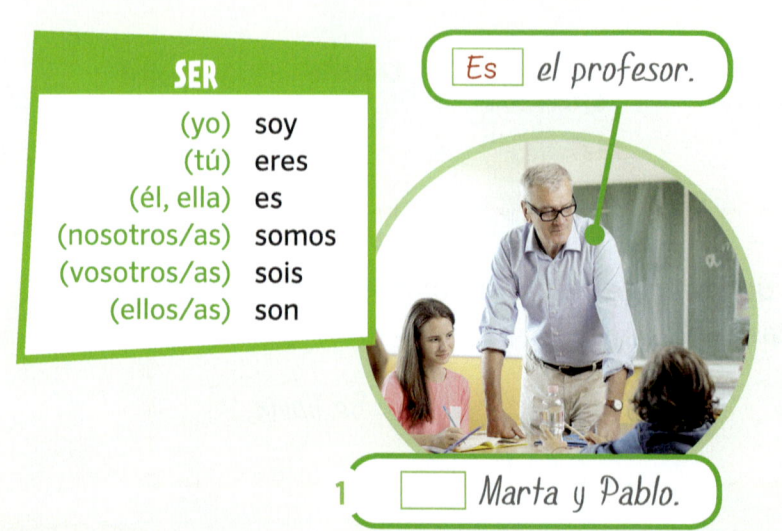

Es el profesor.

1 ☐ Marta y Pablo.

3 No, ☐ David y Óscar.

2 ¿☐ Hugo y Carlos?

Hola, _____ Lola, y tú,
4 ¿quién _____?

Los verbos *llamarse, tener y vivir*

4 **Localiza la casilla y escribe el verbo en presente.**

1 a3 _____ **4** c2 _____ **7** a2 _____
2 c3 _____ **5** a1 _____ **8** c1 _____
3 b1 _____ **6** b3 _____ **9** b2 _____

5 **Completa las frases con 6 formas del ejercicio anterior.**

1 Nos llamamos Pablo y Alberto y _____ en Madrid.
2 La amiga de Lola _____ Carolina.
3 Lucas y José _____ en Granada.
4 _____ Carmen y _____ doce años.
5 Antonio _____ en La Coruña.

6 **Ordena las palabras y escribe las frases.**

1 se llama | El | Miguel. | de | fútbol | entrenador
2 vivo | y | años | en | Tengo | Barcelona. | doce
3 ocho. | número | favorito | es | el | Mi
4 en | y Elena | viven | Granada. | José
5 amigas | de | fútbol. | Marina | son | y Carolina | del equipo

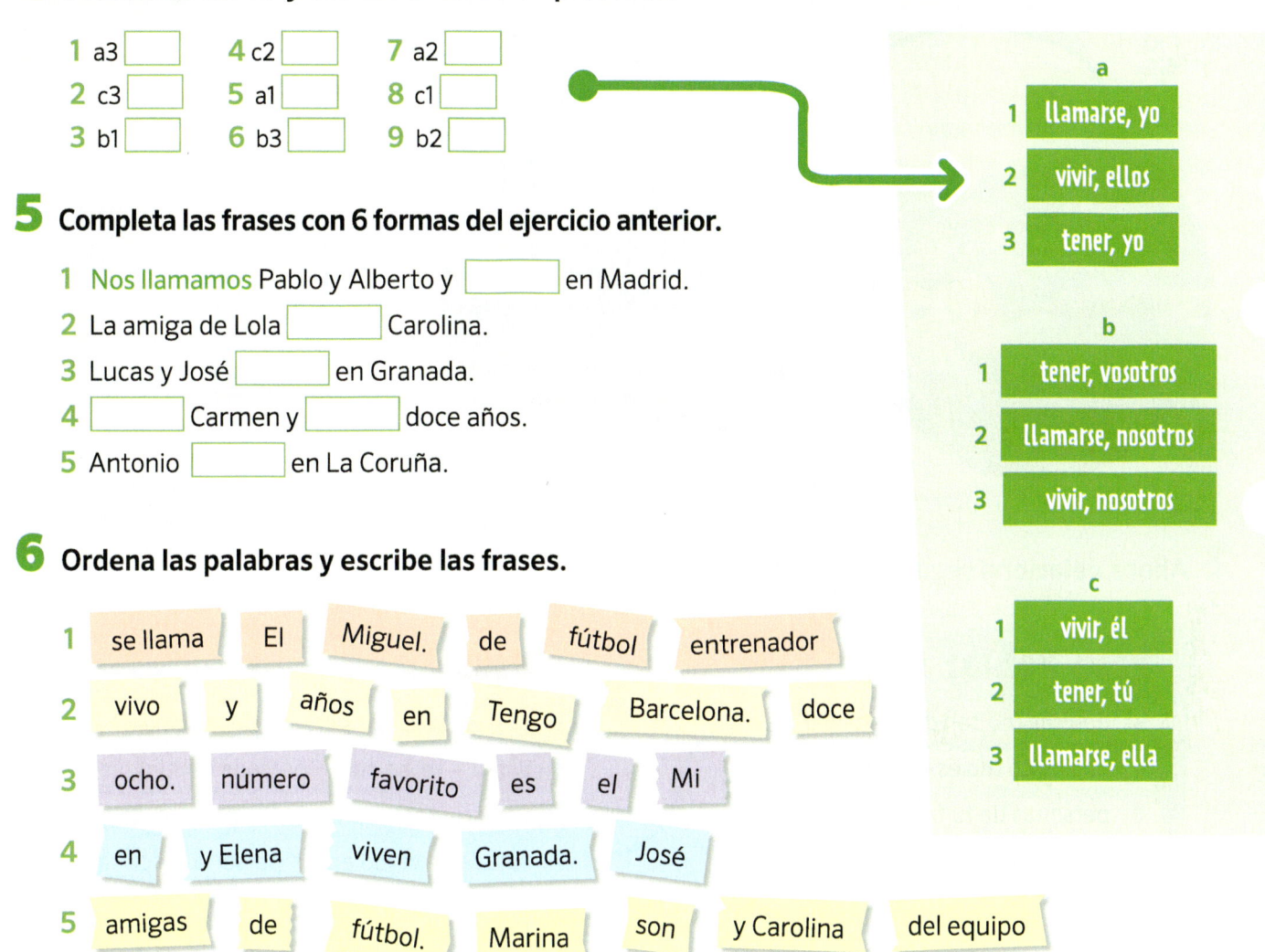

a
1 llamarse, yo
2 vivir, ellos
3 tener, yo

b
1 tener, vosotros
2 llamarse, nosotros
3 vivir, nosotros

c
1 vivir, él
2 tener, tú
3 llamarse, ella

Los interrogativos

7 **Escribe los interrogativos y relaciona las preguntas con las respuestas.**

1 ¿ Cuántos años tienen Bea y María?
2 ¿ _____ vive Adela?
3 ¿ _____ es?
4 ¿ _____ son tus días favoritos?
5 ¿ _____ te llamas?
6 ¿ _____ son?
7 ¿ _____ es tu primer apellido?

a Me llamo Patricia.
b Justo.
c Son David y Marta.
d *Tienen doce años.*
e Es el amigo de Pablo.
f Vive en Salamanca.
g El sábado y el domingo.

Vivir en sociedad

¿Tú, usted, vosotros/as, ustedes?

1 Observa cómo preguntan estas personas.

¿Es usted el entrenador?

Hola, abuelos, ¿dónde vivís ahora?

Mamá, ¿cuál es tu día favorito?

El domingo, ¡claro!

2 Ahora, relaciona según los ejemplos anteriores.

Para hablar con...

a   adultos (no son de tu familia)...

b   un adulto (no es de tu familia)...

c   personas de tu familia...

d   una persona de tu familia...

Usas

1   tú + verbo en 2.ª persona del singular

2   usted + verbo en 3.ª persona del singular

3   vosotros/as + verbo en 2.ª persona del plural

4   ustedes + verbo en 3.ª persona del plural

3 ¿Qué forma usas? Escribe debajo de cada foto *tú, usted, vosotros/as, ustedes*.

1 ____   2 ____   3 ____   4 ____

ÁREA de Lengua

Entonación, pronunciación y grafía

tuaulavirtual
PISTA 12

1 Escucha y observa.

1. Paula tiene 12 años.

2. ¿Paula tiene 12 años?

Las frases interrogativas empiezan con ¿ y terminan con ?

Las frases exclamativas empiezan con ¡ y terminan con !

3. ¡Paula tiene 12 años!

tuaulavirtual
PISTA 13

2 Escucha y escribe ¿?, ¡! o .

1
a Tu día favorito es el lunes
b Tu día favorito es el lunes
c Tu día favorito es el lunes

2
a José es el entrenador
b José es el entrenador
c José es el entrenador

3
a Son tus amigos del equipo de fútbol
b Son tus amigos del equipo de fútbol
c Son tus amigos del equipo de fútbol

3 Observa las imágenes y escribe ¡!, ¿? o .
Luego, pronuncia las frases.

No eres el amigo de Pablo

Tus apellidos son Martín Martín

Valeria vive en Madrid

MAGACÍN

¿Español?
¡Por supuesto!

DESCUBRES ESPAÑA

1 **Lee esta presentación de Marta.**

¡Hola!

Me llamo Marta y tengo 12 años. Vivo en Madrid, la capital de España.

España es un país de la Unión Europea. Se divide en 17 comunidades autónomas: Galicia, Principado de Asturias, Cantabria, País Vasco, Comunidad Foral de Navarra, La Rioja, Aragón, Cataluña, Islas Baleares, islas Canarias, Comunidad Valenciana, Región de Murcia, Andalucía, Castilla y León, Comunidad de Madrid, Castilla-La Mancha y Extremadura.

En España se habla español (en todo el país) y también catalán (en Cataluña, la Comunidad Valenciana y las Islas Baleares), vasco (en el País Vasco) y gallego (en Galicia).

La moneda de España es el euro.

¡Ah, sí! Don Felipe VI y doña Letizia son los reyes de España.

LA MONEDA

LA BANDERA

LOS REYES

Don Felipe VI y doña Letizia

Cuatro Torres
Business Area (Madrid)

Puerta de Alcalá (Madrid)

Puerta del Sol (Madrid)

2 Ahora contesta estas preguntas.

1 ¿Cuántas comunidades autónomas tiene España?
2 ¿Cuál es la moneda española?
3 ¿Cómo se llama la capital?
4 ¿Cómo se llaman los mares y el océano que rodean España?
5 ¿España tiene islas? ¿Cómo se llaman?
6 ¿Cuántos idiomas se hablan en España? ¿Cómo se llaman?
7 Busca en el texto el nombre de las comunidades autónomas y completa el mapa.

EL MAPA

OTRAS CIUDADES

Torre del Oro (Sevilla)

1 G _ _ _ c _ a

2 C _ _ _ l _ a

3 M _ _ _ _ d

4 A _ _ _ l _ a

PROYECTO cultural

Escribe un *texto* sobre tu país con:

◆ Nombre de la capital y tres ciudades importantes.
◆ Nombre del idioma.
◆ Nombre de la moneda.

Dibuja la bandera de tu país.

Sagrada Familia (Barcelona)

2 ¿De dónde eres?

Objetivos

1 Decir tu nacionalidad

2 Decir tu mes preferido

3 Decir tu fecha de cumpleaños

▶ **LÉXICO**
- ✔ Los países y los continentes
- ✔ Los meses del año

▶ **COMUNICACIÓN**
- ✔ Dices qué día es hoy
- ✔ Hablas de las fechas de cumpleaños
- ✔ Dices las nacionalidades

▶ **GRAMÁTICA**
- La nacionalidad: género y número
- El artículo determinado e indeterminado: *el*, *la*, *los*, *las*; *un*, *una*, *unos*, *unas*
- El nombre: masculino y femenino

Vivir en sociedad
- ❖ Un cumpleaños español

ÁREA de Geografía
- ❖ Países de Hispanoamérica

MAGACÍN
- ❖ Fiestas de España
- ❖ Proyecto cultural

Para empezar...
¡Prepárate!

LOS PAÍSES

1 Relaciona los números y los países.

a ☐ Francia   d ☐ Portugal

b ☐ Italia   e ☐ Grecia

c ☐ España   f ☐ Alemania

LOS MESES

2 Elige el mes correcto.

a noviembre

b septiembre

c octubre

¡Hola! Soy Marcos. Mi cumpleaños es el 5 de ☐

OCTUBRE 2016

UN PAÍS HISPANO

3 Buenos Aires es la capital de...

a México

b Cuba

c Argentina

4 Jóvenes del mundo

Luca estudia español en el instituto

Marie

Henry

13 _u_ia

10 A_e_a_ia

1 _a_a_á

6 _ _a_ _ia

9 I_ _ _a_e_ _a

7 I_a_ia

2 E_ _a_o_ U_i_o_

4 _ _a_i_

3 _éxi_o

Valeria

Mario

8 _o_ _u_a_

Nadia

12 _ _e_ia

11 _a_ _ue_o_

5 A_ _e_ _i_a

Hugo

¡Hola!
Me llamo Luca y vivo
en Florencia, en Italia.
Tengo 12 años y mi
cumpleaños es
el 4 de abril.

Los países y los continentes

CE. 1, 2 (p. 9)

tu**aulavirtual**
PISTA 14

1 Escucha y completa los nombres de los países.

2 Observa los colores y clasifica los países en su continente.

• *Italia es un país de Europa.*

África

Europa · Oceanía · Asia · América

3 Elige a un chico del mapa y di dónde vive.

Mario vive en Portugal.

Los meses del año

CE. 3 (p. 10)

tu**aulavirtual**
PISTA 15

4 Escucha y ordena los meses.

Los meses del año

☐ octubre		1 enero	
5 mayo		☐ marzo	
☐ septiembre		☐ noviembre	
☐ febrero		☐ julio	
12 diciembre		☐ abril	
☐ junio		8 agosto	

5 Escribe los nombres de los meses con estas letras.

• **M / R** → *noviembre.*

• **O / A** → ☐

• **O / T** → ☐

• **E / E** → ☐

Yuko

15 _a_ó_

Helen

14 Au_ _ _a_ia

[Ahora tú]

6 Lee la presentación de Luca y escribe tú una con tu información. Lee tu presentación en clase.

José y sus amigos preguntan sobre países

1

2

3

4

5

Es español

1 Lee y completa con estas nacionalidades.

argentino   francés   inglés

española   italiana

2 Escucha y comprueba tus respuestas.

tuaulavirtual

PISTA 16

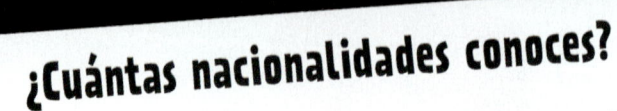

¿Cuántas nacionalidades conoces?

David José, ¿cuántas nacionalidades conoces? A ver, la *pizza* es una comida...

José ¡ [____] !

David ¡Bien! Lionel Messi es un futbolista...

Virginia ¡Qué fácil! [____] .

David Sííí. La Torre Eiffel es un monumento...

Virginia ¡ [____] !

David One Direction es un grupo...

José ¡Yo lo sé! ¡ [____] !
Otra, otra pregunta.

Virginia Vale. Ahora pregunto yo.
La paella es una comida...

David ¡Qué fácil! ¡ [____] !

La nacionalidad: masculino y femenino  CE. 4 (p. 10)

3 Observa la información y completa las nacionalidades en femenino. Después, escribe el nombre de los países.

o → a	és* → esa	masculino = femenino	otras
M argentino	**M** francés	**M** canadiense	**M** alemán*
F argentina	**F**	**F**	**F** alemana
Argentina	....	....	....
M ruso	**M** japonés	**M** estadounidense	**M** español
F	**F**	**F**	**F** española
....	....	....	....
M italiano	**M** portugués	**M** marroquí	
F	**F**	**F**	
....	....	....	
M brasileño			
F			
....			

4 Di un país. Tu compañero dice la nacionalidad en masculino y en femenino.

> *España*

> *español, española*

> * Los nombres en –és y –án no llevan tilde (´) en femenino ni en plural.
> francés → francesa, franceses, francesas.
> alemán → alemana, alemanes, alemanas.

La nacionalidad: singular y plural  CE. 5 (p. 10)

5 Observa y escribe el plural de estas nacionalidades.

singular	plural
vocal → **+ s**	
australiano → australianos	

consonante → **+ es**	
español → españoles	

1 alemán   3 canadiense   5 italiana   7 portugués

....

2 mexicano   4 griega   6 japonés   8 argentino

....

[Ahora tú]

6 Di el país y la nacionalidad de estos famosos.

> *Shakira es colombiana, de Colombia.*

SHAKIRA · RIHANNA · V. ROSSI · RONALDO

6 ¡Feliz cumpleaños!

Sara y David deciden un regalo

una camiseta

una llave USB

un libro

un estuche

una raqueta

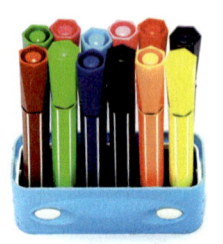

unos rotuladores

Un regalo

1 Lee y completa con las palabras de las fotos.

2 Escucha y comprueba. ¿Qué regalo eligen? Escríbelo.

tuaulavirtual
PISTA 17

__ __ __ __ __ __ __ __ __

Sara	¿Qué día es hoy?
David	¡Hoy es 5 de octubre! Es el cumpleaños de Marcos.
Sara	Es verdad. ¿Qué compramos?
David	¡Un e _ _ _ _ _ _ _! No, no. Unos r _ _ _ _ _ _ _ _ _ para clase.
Sara	¡Noooooo! ¿Y una c _ _ _ _ _ _ _ _?
David	O una ll _ _ _ _ _ _.
Sara	¿Y un l _ _ _ _ de aventuras?
David	¡No sé! Síííí. ¡Una r _ _ _ _ _ _!
Sara	Vale, y buscamos una postal en Internet.
David	Genial.

Los artículos  CE. 7 (p. 11)

3 Completa con el artículo adecuado según el diálogo.

	indeterminados			determinados	
	singular	**plural**		**singular**	**plural**
masculino		unos		el	los
femenino				la	las

El nombre: masculino y femenino  CE. 6 (p. 11)

4 Completa la regla con estos nombres.

Regla

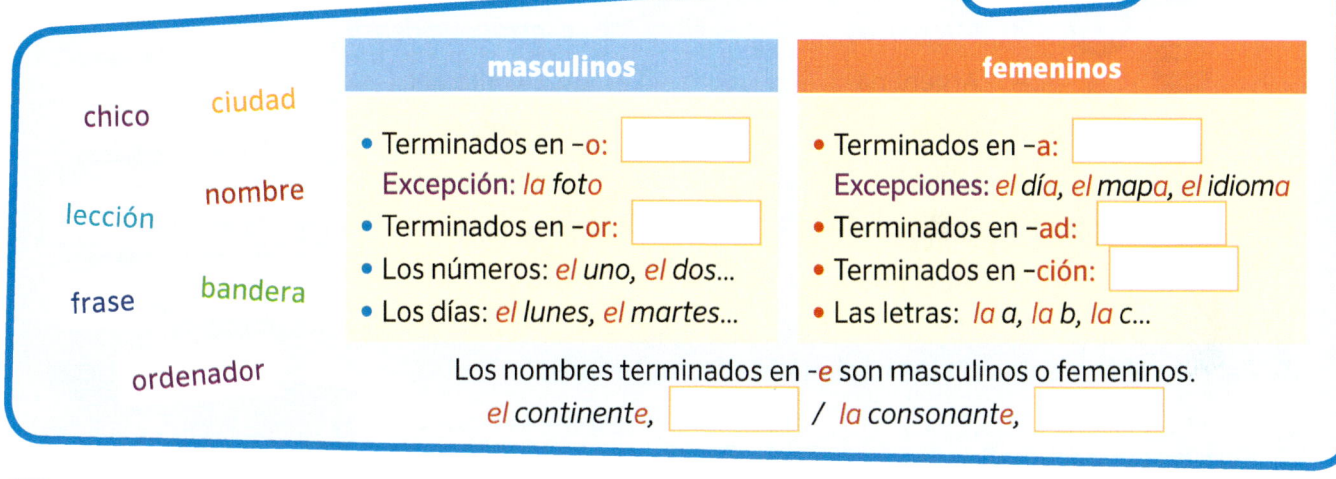

chico   ciudad

lección   nombre

frase   bandera

ordenador

masculinos	femeninos
• Terminados en –o: ☐ Excepción: *la* foto • Terminados en –or: ☐ • Los números: *el uno, el dos...* • Los días: *el lunes, el martes...*	• Terminados en –a: ☐ Excepciones: *el día, el mapa, el idioma* • Terminados en –ad: ☐ • Terminados en –ción: ☐ • Las letras: *la a, la b, la c...*

Los nombres terminados en -*e* son masculinos o femeninos.
el continente, ☐ / *la* consonante, ☐

5 Ahora, escribe el nombre y los artículos, como en el modelo.

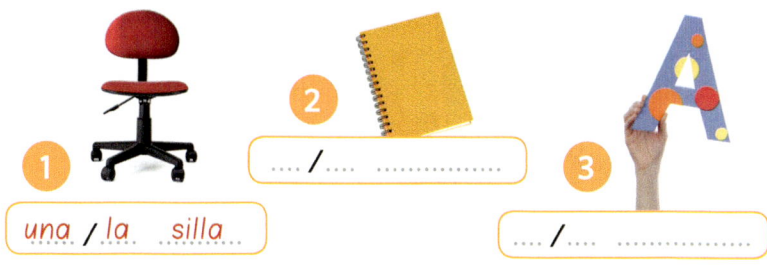

1 *una / la silla*

2 .... / ....

3 .... / ....

4 .... / ....

5 .... / ....

La fecha del cumpleaños  CE. 8 (p. 11)

6 Escucha y marca la fecha de cumpleaños de los dos amigos.

tuaulavirtual
PISTA 18

	él			ella		
Día	05 ☐	15 ☐	19 ☐	02 ☐	20 ☐	30 ☐
Mes	01 ☐	04 ☐	05 ☐	08 ☐	09 ☐	11 ☐

- ¿Qué día es hoy?
  Hoy es viernes 2 de marzo.
- ¿Cuándo es tu cumpleaños?
  Mi cumpleaños es el 3 de junio.

[Ahora tú]

7 Dices la fecha de hoy.
Pregunta a tres compañeros la fecha de su cumpleaños.

David, ¿cuándo es tu cumpleaños?

Mi cumpleaños es el...

Repasas
la gramática

Escribe las respuestas en tu cuaderno

la nacionalidad: el género y el número

1 Relaciona cada país con la nacionalidad adecuada.

País	Masculino	Femenino
1 Estados Unidos	a marroquí	
2 Colombia	b alemán	
3 Marruecos	c estadounidense	
4 Argentina	d colombiano	
5 Cuba	e griego	
6 China	f chino	
7 Grecia	g cubano	
8 Alemania	h argentino	

2 Escribe el femenino de las nacionalidades anteriores.

3 Escribe las nacionalidades.

El canguro es _____.

1

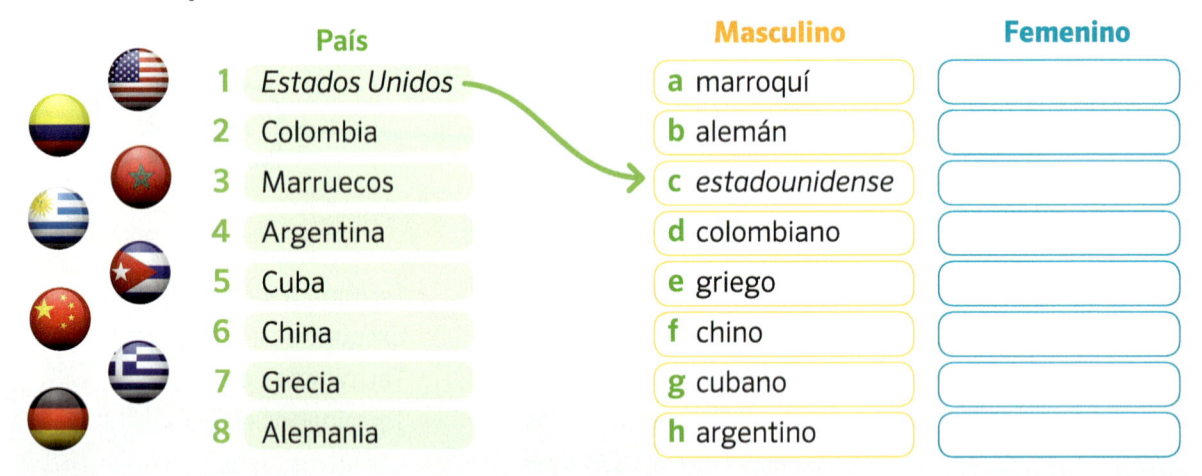

Río de Janeiro es una ciudad _____.

2

Cristiano Ronaldo es _____.

3

La Acrópolis de Atenas es un monumento _____.

5

El sushi es un plato _____.

6

Este hombre es _____.

4

Estas muñecas son _____.

7

La Torre Eiffel y el Arco del Triunfo son monumentos _____.

8

El artículo determinado e indeterminado

4 Completa con el artículo que falta.

1 *una* / la amiga

2 *unos* / ☐ regalos

3 ☐ / *el* estuche

4 *unas* / ☐ camisetas

5 *un* / ☐ número

6 ☐ / *la* palabra

7 ☐ / *los* chicos

8 ☐ / *las* fechas

9 *unas* / ☐ raquetas

5 Escribe *el* o *la* debajo de cada imagen.

1 …… entrenador

2 …… ciudad

3 …… natación

4 …… mochila

5 …… nombre

6 …… clase

7 …… bandera

8 …… chico

El nombre: masculino y femenino

6 Marca si estas palabras son masculinas (M) o femeninas (F).
Después, escribe el artículo determinado.

		M	F
1	instituto	☐	☐
2	conversación	☐	☐
3	miércoles	☐	☐
4	estuche	☐	☐
5	moneda	☐	☐
6	año	☐	☐
7	idioma	☐	☐
8	ciudad	☐	☐
9	cuaderno	☐	☐

		M	F
10	amiga	☐	☐
11	mapa	☐	☐
12	monumento	☐	☐
13	unidad	☐	☐
14	foto	☐	☐
15	lección	☐	☐
16	día	☐	☐
17	información	☐	☐
18	apellido	☐	☐

Vivir en sociedad

Un cumpleaños español

1 ¿Sabes cómo es un cumpleaños español? Lee el texto de Marcos. Observa las fotos y los colores de las palabras.

En muchos países la fiesta del cumpleaños es muy importante. En España, por ejemplo, celebramos el cumpleaños con la familia o los amigos que dan regalos para la persona que cumple los años. Cuando recibes un regalo, abres el regalo y dices: «¡Qué bonito! Gracias». «Muchas gracias, me gusta mucho».

También es común comer tarta y soplar las velas. Por ejemplo, yo hoy cumplo trece años, entonces tengo que poner trece velas en la tarta. Después, soplamos y apagamos las velas. Finalmente todos cantan una famosa canción... ¿la conoces? Se llama «Cumpleaños feliz». ¡Ah, sí!, en España también es común entre amigos o compañeros tirar de las orejas a la persona que cumple los años.

2 En tu país, ¿qué hacen el día del cumpleaños? Indícalo.

a Tirar de las orejas ☐   b Dar regalos ☐   c Abrir los regalos ☐   d Soplar las velas ☐   e Comer tarta ☐

3 Estos son los regalos de los amigos de Marcos. Relaciona cada imagen con su nombre.

a ☐ Una camiseta de Spiderman.
b ☐ Una mochila para el instituto.
c ☐ Una taza para beber.
d ☐ Un balón de fútbol.
e ☐ Un reloj moderno.

4 Escucha y aprende la canción del «Cumpleaños feliz».

tuaulavirtual
PISTA 19

Cumpleaños feliz, cumpleaños feliz.
Te deseamos todos
cumpleaños feliz.

ÁREA de Geografía

Hispanoamérica

1 Dibuja el mapa en tu cuaderno y completa con los nombres de los países que faltan.

> Hispanoamérica está formada por países donde se habla español. En total son más de 400 millones de personas.

- 18 _ _ b _ — La Habana
- 1 _ _ x _ _ _ _ — México D.F.
- 2 Guatemala — Ciudad de Guatemala
- 3 _ _ _ _ _ v _ _ _ _ — San Salvador
- 4 Costa Rica — San José
- 15 Honduras — Tegucigalpa
- Nicaragua — Managua
- República Dominicana 17 — Santo Domingo
- 16 _ _ _ _ _ t _ _ _ c _ — San Juan
- 14
- 13 Venezuela — Caracas
- 6 Colombia — Bogotá
- 5 _ _ n _ _ _ — Ciudad de Panamá
- 7 Ecuador — Quito
- 8 Perú — Lima
- Brasil — Brasilia
- 9 B _ _ _ _ _ _ — La Paz
- 10 Chile — Santiago de Chile
- Paraguay — Asunción
- 12 _ _ _ _ _ _ y — Montevideo
- 11 _ _ g _ _ _ _ _ — Buenos Aires

Argentina
Bolivia
Cuba
México
Panamá
Puerto Rico
El Salvador
Uruguay

OCÉANO PACÍFICO

OCÉANO ATLÁNTICO

Machu Picchu (Perú)

La Habana (Cuba)

Chichén Iztá (México)

Cataratas de Iguazú (Argentina)

2 Localiza en el mapa y lee el nombre de los países con número 1, 3, 7, 8, 11, 12, 15 y 18. ¿Cuál es su capital?

3 Di una capital. Tu compañero dice el país.

- Lima → es la capital de Perú

MAGACÍN

¿Español?
¡Por supuesto!

FIESTAS DE ESPAÑA

1 Infórmate sobre algunas fiestas en España.

¡Hola!

Me llamo Carlos y vivo en Santa Cruz de Tenerife, en las islas Canarias. Santa Cruz es muy famosa por los carnavales, que son en febrero, por eso es mi mes preferido. Durante el carnaval no tenemos clase y mis amigos y yo bailamos en la calle todos los días. ¡Es genial!

Pero tenemos más fiestas.

- En invierno está la fiesta de Navidad. Es cuando Jesús nace y es una fiesta familiar; la Nochevieja, que es el último día del año, es una noche de fiesta y es tradicional comer 12 uvas, y la fiesta de los Reyes Magos, una fiesta especial para los niños porque reciben regalos.

- En primavera está la fiesta de las Fallas, en Valencia. En esta fiesta hay estatuas gigantes de cartón en las calles y por la noche se queman con fuego.

- En otoño está la fiesta nacional. Este día hay un desfile militar, allí están los reyes de España.

Las estaciones

Primavera

Verano

Otoño

Invierno

☐ **Fiesta nacional**

☐ **Nochevieja**

2 Relaciona cada fiesta con la fecha y la foto adecuada según el texto.

1 FEBRERO

2 MARZO **19**

3 OCTUBRE **12**

4 DICIEMBRE **31**

5 DICIEMBRE **25**

6 ENERO **6**

☐ **Navidad**

☐ **Reyes Magos**

1 **Carnaval**

☐ **Las Fallas**

PROYECTO cultural

¿Qué fiestas hay en tu país?

◆ Elige 6 y haz un póster con fotos de las fiestas.

◆ Explica tu póster en clase.

3 ¿Qué estudias?

Objetivos

1 Decir qué objetos hay en clase

2 Explicar qué asignaturas estudias

3 Describir qué haces en clase

▶ LÉXICO

- ✓ El material escolar
- ✓ Las asignaturas

▶ COMUNICACIÓN

- ✓ Hablas de tus actividades en clase
- ✓ Dices dónde están las personas y los objetos
- ✓ Preguntas y dices la hora

▶ GRAMÁTICA

- El presente. Verbos regulares
- Los verbos *ver*, *hacer* y *estar*
- La frase negativa
- Expresiones de lugar: *en*, *al lado de*, *entre*...
- El nombre: singular y plural

Vivir en sociedad
❖ **La convivencia en el aula**

 **ÁREA** de Tecnología
❖ **El ordenador e Internet**

MAGACÍN
❖ **Un instituto español**
❖ **Proyecto cultural**

EL MATERIAL ESCOLAR

1 **Escribe el nombre debajo de cada objeto.**

la mochila
el cuaderno
el estuche
la calculadora
el lápiz
el bolígrafo

1 la _ _ _ _ _ _ _ _ **d**   2 el **c** _ _ _ _ _ _ _   3 la _ _ _ _ _ _ **l**

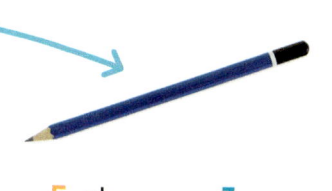

4 el _ _ _ _ **g** _   5 el _ _ _ _ **z**   6 el _ _ **t** _ _ _

LAS ASIGNATURAS

2 **Relaciona cada asignatura con su imagen.**

a Inglés ☐
b Geografía ☐
c Matemáticas ☐

 **1**

$$9 + \frac{5x}{2} = 4$$ **2**

 **3**

INFINITIVOS

3 **Relaciona cada frase con el infinitivo adecuado.**

1 Escucho la conversación.

2 Lees los nombres.

3 Escribimos las palabras.

a ☐ leer
b ☐ escribir
c ☐ escuchar

LA HORA

4 **Indica la hora correcta.**

a ☐ Son las diez y diez.

b ☐ Son las tres y veinte.

Mi material escolar

¡Hola, soy Raquel! Este es mi material escolar para mañana. Mi asignatura favorita es Geografía.

Para la clase de **Inglés**

2 · el ....

3 · el ....

1 · los *libros* ....

Para la clase de **Lengua y Literatura**

Para la clase de **Geografía**

4 · los ....

5 · la ....

6 · los ....

7 la ....

8 el ....

9 el ....

10 la ....

11 las ....

12 la ....

13 el ....

[Ahora tú]

6 Contesta a Raquel.

¿Cuál es tu asignatura favorita?

El material escolar  CE. 1 (p. 12)

tu**aula**virtual
PISTA 20

1 Escucha y escribe estos nombres debajo del objeto adecuado.

> los libros la mochila el lápiz la regla
> el sacapuntas los cuadernos los bolígrafos
> la calculadora el rotulador el estuche
> el archivador la goma las tijeras

2 Escribe el nombre de tres objetos.

▸ En tu mochila → el libro...

▸ En tu estuche → la goma...

3 Elige cuatro objetos de tu mochila. Pregunta a tu compañero. Él dice qué es.

¿Qué es?   Es un estuche.

Para preguntar por cosas, usas **¿qué...?**

Las asignaturas 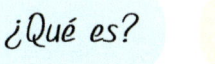 CE. 2 (p. 12)

4 Observa los iconos y relaciona las dos partes de cada asignatura. Luego, lee los nombres.

1 Mate	a *Sociales*
2 Educación Plástica	b logía
3 *Ciencias*	c Física
4 In	d máticas
5 Fran	e y Literatura
6 Ciencias de	f y Visual
7 Lengua	g la Naturaleza
8 Educación	h glés
9 Mú	i sica
10 Tecno	j cés

5 ¿En qué asignatura Raquel estudia...?

1 Los verbos *to be* y *to have*.   3 Los animales.
2 Los continentes.   4 La vida de Cervantes.

8 Mis clases

Raquel explica qué hace en el instituto

1 Escucha y lee qué hacen Raquel y sus compañeros en clase.

tuaulavirtual
PISTA **21**

INGLÉS

> Hoy es martes. Los martes por la mañana estudio tres asignaturas.

Estudiamos con ordenadores.
Escuchamos diálogos, vemos vídeos,
hacemos ejercicios de gramática,
aprendemos palabras...
No escribimos en el libro.

LENGUA Y LITERATURA

El profe(1) explica la lección. Estudiamos la
biografía de escritores importantes.
Leemos textos y escribimos las explicaciones
del profesor en el cuaderno.
Respondemos a las preguntas del* profesor.

GEOGRAFÍA

Escuchamos al** profe.
Aprendemos los nombres
de los países. Dibujamos
mapas y buscamos
información en Internet.

Las clases de Raquel

(1) Los alumnos dicen el profe, la profe.

2 Ahora, di si es verdadero (**V**) o falso (**F**) según los textos.

Raquel y sus compañeros...

1 Leen textos en clase de Inglés.

2 En clase de Geografía ven vídeos.

3 No escriben en el libro de Inglés.

4 Aprenden sobre escritores famosos en clase de Literatura.

5 Aprenden sobre países en clase de Geografía.

V	F
☐	☐
☐	☐
☐	☐
☐	☐
☐	☐

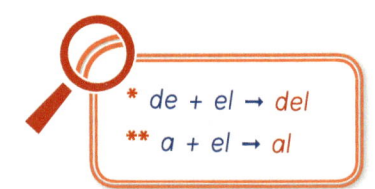

* de + el → del
** a + el → al

El presente: verbos regulares  CE. 3 (p. 13)

3 Observa las palabras en rojo de los textos anteriores y escríbelas debajo del infinitivo, como en el modelo.

1 estudi**ar**
estudiamos

2 le**er**
....

3 escrib**ir**
....

4 aprend**er**
....

5 dibuj**ar**
....

6 explic**ar**
....

7 busc**ar**
....

8 escuch**ar**
....

9 respond**er**
....

HABL**AR**	LE**ER**	ESCRIB**IR**
habl**o**	le**o**	escrib**o**
habl**as**	le**es**	escrib**es**
habl**a**	le**e**	escrib**e**
habl**amos**	le**emos**	escrib**imos**
habl**áis**	le**éis**	escrib**ís**
habl**an**	le**en**	escrib**en**

Los verbos *ver* y *hacer*

4 Completa con estas formas verbales.

ves   hace   hacéis

vemos   ven

	VER	HACER
(yo)	veo	hago
(tú)	☐	haces
(usted, él, ella)	ve	☐
(nosotros/as)	☐	hacemos
(vosotros/as)	veis	☐
(ustedes, ellos/as)	☐	hacen

Los pronombres personales  CE. 4 (p. 14)

5 Escribe el pronombre personal de estas formas, como en el modelo.

1 *respondo*... **yo**
2 estudias .... ☐
3 veo............ ☐

4 vive........... ☐
5 haces .... ☐
6 dibujáis ..... ☐

7 hacen........ ☐
8 escribimos ☐
9 hago .... ☐

10 tenemos ... ☐
11 aprendes... ☐
12 escucha..... ☐

La frase negativa  CE. 5 (p. 14)

6 Raquel habla de su clase de Inglés. Escucha y marca las frases correctas.

tuaulavirtual
PISTA **22**

1 ☐ Su profesor es inglés.
  ☐ Su profesor no es inglés.
2 ☐ Escucha diálogos.
  ☐ No escucha diálogos.
3 ☐ Aprende poesías.
  ☐ No aprende poesías.

Hoy es lunes.
No tengo clase
de Inglés.

no + verbo

[**Ahora tú**]

7 Explica qué haces y no haces en clase de Español.

*Hablo con el profesor.
No escribo en el libro.*

¿Dónde están?

Raquel está en clase de Música

Mis compañeros  CE. 7 (p. 15)

1 Escucha a Raquel y observa la foto.

tuaulavirtual
PISTA 23

2 Lee y completa con las expresiones del cuadro.

Hoy es lunes y son las diez y diez (10:10 h).

Estoy _en_ la clase de Música.

Mis compañeros están sentados

_____ las sillas, excepto Alba y Rubén.

Nerea está _____ Diego. Diego y

Carlos están _____ Daniel. Matilde

está _____ Carlos. Daniel

está _____ Matilde y Valeria.

Y yo, ¿dónde estoy?

¡Pues yo hago la foto!

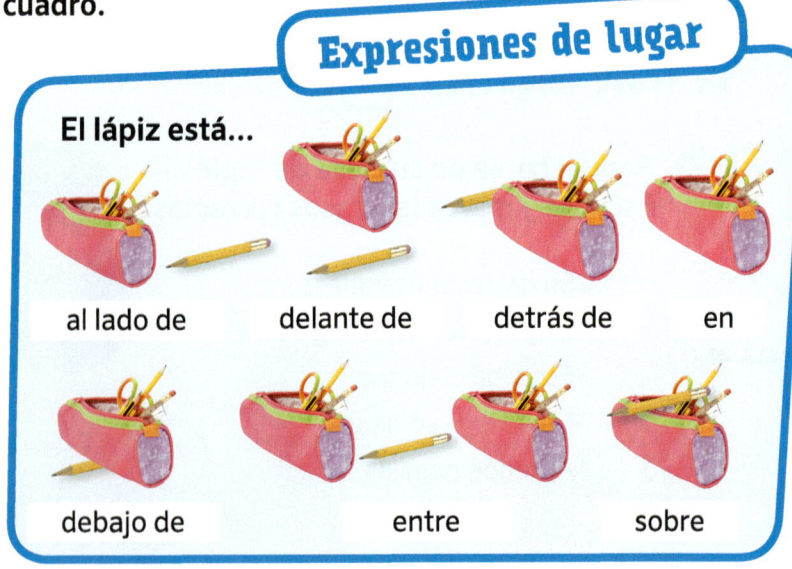

Expresiones de lugar

El lápiz está...

al lado de   delante de   detrás de   en

debajo de   entre   sobre

El verbo *estar*  CE. 6 (p. 14)

3 Completa con *está/están* y di si las frases son verdaderas (**V**) o falsas (**F**).

	V	F
1 Los bolígrafos .... al lado del estuche.	☐	☐
2 El sacapuntas .... detrás de los libros.	☐	☐
3 El estuche .... sobre los libros.	☐	☐
4 La goma .... delante del estuche.	☐	☐
5 Las tijeras .... sobre el cuaderno.	☐	☐
6 La regla .... debajo del cuaderno.	☐	☐

VERBO ESTAR

estoy
estás
está
estamos
estáis
están

El nombre: singular y plural  CE. 8 (p. 15)

4 Lee y completa la regla con las palabras en plural.

Regla

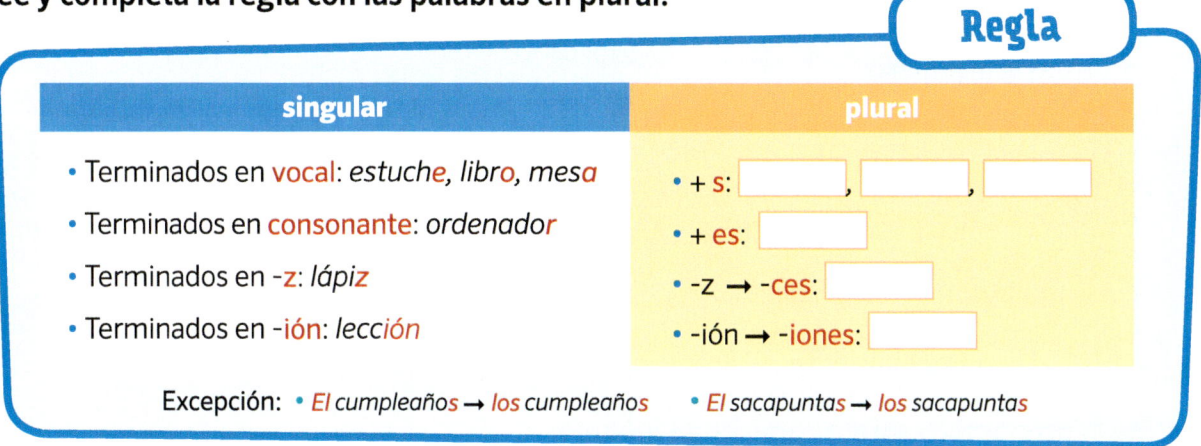

singular	plural
• Terminados en vocal: *estuche, libro, mesa*	• + s: ☐ , ☐ , ☐
• Terminados en consonante: *ordenador*	• + es: ☐
• Terminados en -z: *lápiz*	• -z → -ces: ☐
• Terminados en -ión: *lección*	• -ión → -iones: ☐

Excepción: • *El cumpleaños → los cumpleaños*   • *El sacapuntas → los sacapuntas*

 5 Escucha y escribe las palabras. Luego, escribe el plural.

1   *El amigo/Los amigos.*
2   ....
3   ....
4   ....

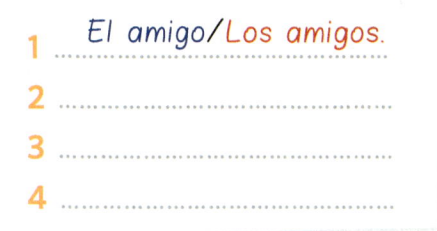

tu**aula**virtual
PISTA 24

La hora  CE. 9 (p. 15)

6 Observa.

en punto
menos cinco — **y** cinco
menos diez — **y** diez
menos cuarto — **y** cuarto
menos veinte — **y** veinte
menos veinticinco — **y** veinticinco
y media

7 Elige un reloj. Tu compañero dice la hora.

Reloj número 3.   *Son las...*

 1
 2
 3

¿Qué hora es?
• *Es la una. /Son las tres y veinte.*

Repasas
la gramática

Escribe las respuestas en tu cuaderno

El presente: verbos regulares e irregulares

1 Escribe el verbo en la persona adecuada. Después, termina las frases con las expresiones del cuadro. Hay varias posibilidades.

> ▸ Geografía ▸ un mapa
> ▸ la lección ▸ frases ▸ *vídeos* ✓
> ▸ información en Internet
> ▸ verbos ▸ al profesor
> ▸ ejercicios ▸ un texto ▸ fotos
> ▸ a la pregunta del profesor

1 ver (yo) *Veo vídeos.*
2 estudiar (ellos)
3 buscar (ella)
4 explicar (vosotros)
5 leer (yo)
6 escribir (él)
7 escuchar (tú)
8 responder (nosotros)
9 dibujar (tú)
10 hacer (yo)

Los pronombres sujeto

2 Escribe el pronombre sujeto como en el modelo.

1 explico *yo*
2 respondemos
3 dibujáis
4 explica
5 estudias
6 aprenden

La frase negativa

3 Relaciona las dos partes de cada frase.

1 *Hoy es domingo*
2 Mi amigo Lucas
3 En clase de Inglés
4 Cristina no tiene
5 Hoy no hacemos

a ejercicios de gramática.
b *no tenemos clase.*
c no habláis español.
d amigos en Internet.
e no estudia Italiano en el instituto.

El verbo *estar*

4 Completa las formas y escribe el pronombre personal.

1 e s t á s, tú
2 e _ t á _ _,
3 e _ t _ y,
4 e _ _ _ n,
5 e s _ _,
6 _ s t _ _ _ s,

Las expresiones de lugar

5 Indica la expresión correcta.

1 *La mochila está* ●●● *la mesa.*

| **a** *debajo de* ✔ | **b** detrás de la |

2 El libro está ●●● silla.

| **a** sobre la | **b** al lado de la |

3 El sacapuntas está ●●● la calculadora y el boli.

| **a** en | **b** entre |

4 La calculadora está ●●● bolígrafo.

| **a** detrás del | **b** delante del |

5 El lápiz está ●●● el estuche.

| **a** en | **b** sobre |

El nombre: singular y plural

6 Pon las palabras en plural.

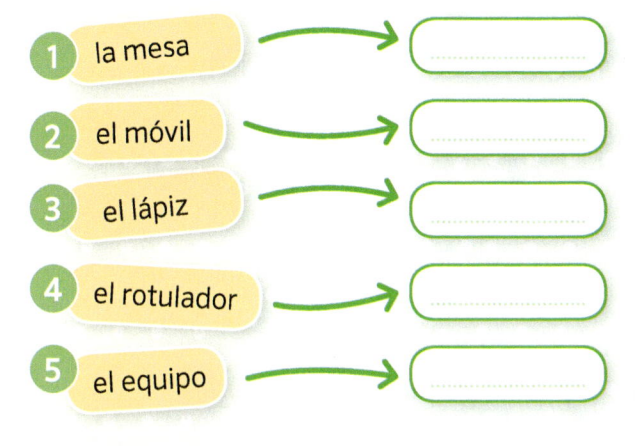

1 la mesa →
2 el móvil →
3 el lápiz →
4 el rotulador →
5 el equipo →

6 el profesor →
7 la información →
8 el apellido →
9 la compañera →
10 el sacapuntas →

7 Clasifica estas palabras.

1 reloj ✔
2 preguntas
3 compañeros
4 clase
5 archivadores
6 perros
7 calculadora
8 nacionalidad
9 idioma
10 capital

▸ **singular**

reloj

▸ **plural**

8 Escribe las palabras singulares anteriores en plural.

1 *relojes*
2 ....
3 ....
4 ....
5 ....
6 ....

Vivir en sociedad

La convivencia en el aula

1 Observa las fotos y relaciona cada una con su texto. Después, clasifícalas en el lugar adecuado.

1

2

3

4

5

> Levantamos la mano para hablar. ☐

> Perdón, ¿cómo se escribe? ☐

> No entiendo, ¿puede repetir, por favor? ☐

> ¿Puedo trabajar contigo? ☐

> ¿Tienes un boli? ☐

> Sí, toma. ☐

SOMOS PUNTUALES 1

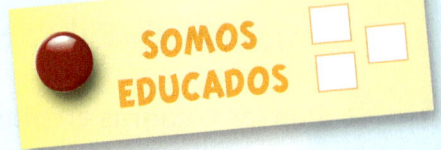
SOMOS EDUCADOS ☐ ☐ ☐

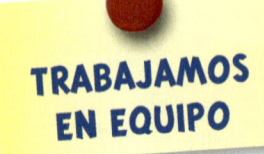
TRABAJAMOS EN EQUIPO ☐

COMPARTIMOS ☐

2 Ahora, di si *está bien* o si *está mal* hacer esto.

1 [____] **2** [____] **3** [____] **4** [____] **5** [____]

ÁREA de Tecnología

El ordenador

1 Completa las palabras con estas sílabas.

te pan

lla

ra

ve

ta

cam

1 la web _ _ _

2 la _ _ _ ta _ _ _

3 la lla _ _ USB

4 el _ _ tón

5 los al _ _ voces

6 el _ _ clado

Internet

2 Observa las letras finales y di de qué país son estas direcciones.

a *http://www.dgt.es* — *España*
b http://www.ferrari.it ....
c http://www.louvre.fr ....
d http://www.virtualmuseum.ca ....
e http://www.mcclaren.uk ....

3 Lee y ordena de más (+) a menos (−) importantes estos puntos sobre el uso seguro de Internet. ¿Qué haces tú y qué no haces?

Para navegar y aprender con seguridad en Internet

- No dar datos personales.
- No enviar fotos.
- Chatear solo con amigos y amigas, no con personas que no conoces.
- No decir tus contraseñas.
- No descargar programas ilegales.
- No abrir correos de personas que no conoces.
- No contestar mensajes extraños.
- No entrar en páginas que piden dinero.

MAGACÍN

UN INSTITUTO ESPAÑOL

1 Lee lo que escribe Lucas sobre el sistema escolar.

¡Hola!

Me llamo Lucas y tengo 12 años. Estudio 1.º de ESO (Educación Secundaria Obligatoria) en el Instituto El Greco. En España, la enseñanza es obligatoria hasta los 16 años.

En el colegio (o escuela) estudiamos:

- educación infantil (hasta los 6 años)

- educación primaria (de 6 a 12 años). De educación primaria hay seis cursos, de 1.º a 6.º.

En el instituto estudiamos:

- ESO (de 12 a 16 años). Hay cuatro cursos, de 1.º a 4.º.

- bachillerato o formación profesional (de 16 a 18 años). Hay dos cursos, 1.º y 2.º.

En la ESO el curso empieza en septiembre y termina en junio. Tenemos exámenes tres veces al año: en diciembre, en marzo y en junio. Pero los alumnos que no aprueban porque tienen menos de 5 puntos en una asignatura tienen un examen extra en septiembre.

Yo siempre apruebo Geografía e Historia y Tecnología. Son mis asignaturas favoritas.

En mi instituto hay diferentes actividades extraescolares, baloncesto los lunes, teatro los martes, y coro los jueves. Yo participo en baloncesto y coro.

¡Me gusta mi instituto!

1.º primero
2.º segundo
3.º tercero
4.º cuarto
5.º quinto
6.º sexto

2 Elige tres de estas preguntas sobre Lucas y las haces a tres compañeros.

1 ¿En qué curso está?

2 ¿Estudia en un colegio o en un instituto?

3 ¿Cuáles son sus asignaturas favoritas?

4 ¿Cuántos idiomas estudia?

5 ¿Qué días tiene actividades extraescolares?

Instituto El Greco	Informe de la evaluación

Informe de la evaluación
Segunda del 1.º Curso
Educación Secundaria Obligatoria (ESO)

MATERIAS	CALIFICACIÓN
Ciencias Sociales: Geografía e Historia	7,5
Tecnología	7
Matemáticas	6,5
Lengua Extranjera: Inglés	7
Lengua y Literatura	8
Educación Plástica y Visual	5
Ciencias de la Naturaleza	3,5
Música	8,5
Educación Física	8,5

Alumno: Lucas Pérez Martín

3 **Observa las notas de Lucas y explica qué notas tienes tú.**

0 - 4	Insuficiente		Suspenso
5	Suficiente		Aprobado
6	Bien		
7 - 8	Notable		
9 - 10	Sobresaliente		

LAS VACACIONES

NAVIDAD

En Navidad tenemos 3 semanas (desde el 20 o 21 de diciembre hasta el 7 de enero).

SEMANA SANTA

En verano tenemos 11 semanas (2 semanas en junio, 4 semanas en julio, 4 en agosto y 1 semana en septiembre).

En Semana Santa tenemos una semana. En marzo o abril.

VERANO

PROYECTO cultural

Prepara una presentación oral sobre tu instituto ideal.

◆ Qué horario tiene.

◆ Qué asignaturas ofrece.

◆ Qué actividades extraescolares tiene y cuándo.

◆ Cuándo son las vacaciones.

4 ¿Cómo es tu familia?

Objetivos

1 **Presentar a tu familia**

2 **Decir qué haces cada día**

3 **Hablar de tus gustos y aficiones**

▶ LÉXICO

- ✓ Los miembros de la familia
- ✓ Las actividades cotidianas

▶ COMUNICACIÓN

- ✓ Presentas a tu familia
- ✓ Hablas de tus actividades cotidianas
- ✓ Explicas tus gustos y aficiones

▶ GRAMÁTICA

- Los posesivos: *mi/s, tu/s, su/s, nuestro/a/s, vuestro/a/s, su/s*
- Los verbos *levantarse, acostarse, vestirse, volver*...
- El verbo *ir*
- El verbo *gustar*

Vivir en sociedad

❖ **Las tareas domésticas**

ÁREA de Ciencias de la Naturaleza

❖ **Los animales tienen derechos**

MAGACÍN

❖ **Nombres y apellidos españoles e hispanos**
❖ **Proyecto cultural**

Para empezar...
¡Prepárate!

Mi familia es pequeña.
Mi [ ] se llama Jacobo y mi [ ],
Patricia. Tengo una [ ], se llama
Nuria y tiene 7 años.

1 Lee y completa con estas palabras.

padre   madre

Manuel

hermana

MI FAMILIA

ACTIVIDADES COTIDIANAS

2 Observa las fotos y relaciona cada una con la frase correspondiente.

1 Hago los deberes a las 17:30. ☐
2 Me levanto a las 7:00. ☐
3 Como con mi familia a la 14:00. ☐

a

b

c

3 Escucha y marca qué le gusta a Manuel.

MIS GUSTOS

tuaulavirtual
PISTA **25**

1

a ☐  b ☐

2

a ☐  b ☐

3

a ☐  b ☐

10 Mi familia

Gustavo — María

Jacobo — Patricia

Lucía — Pedro

A — Por la mañana

1
2
3
4

☐ ducharse   ☐ desayunar
☐ vestirse   ☐ levantarse

B — Por la tarde

1
2
3
4

☐ hacer los deberes   ☐ merendar
☐ ir a patinar   ☐ comer

Manuel

Nuria

Natalia

David

La familia de Manuel
CE. 1 (p. 16)

tuaulavirtual
PISTA 26

1 Observa la familia de Manuel y completa las frases. Luego, escucha y comprueba.

1 Su abuelo se llama Gustavo y su abuela, _____.
2 Su padre se llama _____ y su madre se llama Patricia.
3 Su tío se llama _____ y su tía, Lucía. Tiene un primo, David, y una prima, se llama _____.
4 Manuel tiene una hermana. Se llama _____.

2 Completa las frases con estas palabras.

1 Patricia es la _____ de Manuel.
2 Pedro es el _____ de Nuria.
3 María es la _____ de David.
4 David es el _____ de Natalia.
5 Nuria es la _____ de David.
6 Jacobo es _____ de Manuel.
7 Gustavo es el _____ de David.

tío · hermano · abuelo · padre · madre · prima · abuela

Las actividades cotidianas
CE. 2 (p. 16)

tuaulavirtual
PISTA 27

3 Escucha qué hacen estos chicos y relaciona cada actividad con la foto adecuada.

4 Clasifica las actividades anteriores como en el modelo.

1 Comidas A 3 ☐☐☐☐☐
2 Diversión ☐☐☐
3 Estudios ☐☐
4 Otras ☐☐☐☐☐☐

C — Por la noche

[Ahora tú]

5 Elige una foto de tu familia y preséntala en clase.

1 ☐ cenar 2 ☐ ver la tele 3 ☐ acostarse

11 Mi día a día

Manuel participa en un foro de estudiantes

1 Escucha y lee lo que escribe Manuel.

tuaulavirtual
PISTA **28**

FORO JUVENIL ¿Cuáles son las rutinas diarias de los estudiantes del mundo entero?

Participa y descubre cómo viven los adolescentes de tu misma edad

Me llamo Manuel y vivo en Salamanca, tengo una hermana, Nuria. Todos los días me levanto a las 7:00, me ducho y me visto. Mi hermana y yo desayunamos con nuestra madre. Luego, vamos los dos al instituto. Bueno, mi hermana va al colegio y yo al instituto. Llegamos a las 8:15. A las 14:00 como con mis compañeros. A las 17:00 vuelvo a casa, meriendo y hago los deberes. Mi hermana y yo cenamos a las 21:00 con nuestros padres y vemos la tele. Mi hermana se acuesta a las 22:15 y yo me acuesto a las 22:30.

Las actividades de Manuel

2 Marca si son verdaderas (V) o falsas (F) estas afirmaciones sobre Manuel.

	V	F
1 *Se levanta a las 7:00.*	✓	
2 Desayuna con sus padres.		
3 Va con su hermana al instituto.		
4 Hace los deberes en casa.		
5 Cena con sus padres.		
6 La familia se acuesta a la misma hora.		

El presente: verbos regulares e irregulares

 CE. 3, 4, 5 (pp. 17, 18)

3 Observa y conjuga los verbos en presente, como en el modelo.

ACOSTARSE	VESTIRSE	MERENDAR	IR	VOLVER
(yo) me acuesto	me visto	meriendo	voy	vuelvo
(tú) te acuestas	te vistes	meriendas	vas	vuelves
(Ud., él, ella) se acuesta	se viste	merienda	va	vuelve
(nosotros/as) nos acostamos	nos vestimos	merendamos	vamos	volvemos
(vosotros/as) os acostáis	os vestís	merendáis	vais	volvéis
(Uds., ellos/as) se acuestan	se visten	meriendan	van	vuelven

1 ir al instituto, yo __voy__

2 volver a casa, nosotros ____

3 merendar un bocadillo, tú ____

4 ver la tele, vosotros ____

5 vestirse a las 8:30, ellos ____

6 hacer los deberes, ella ____

7 acostarse a las 22:00, yo ____

8 levantarse a las 9:00, ellos ____

9 cenar a las 21:00, nosotros ____

10 ir al instituto en bici, tú ____

11 desayunar leche con cereales, él ____

12 comer en el instituto, yo ____

Los posesivos

 CE. 6 (p. 18)

4 Completa con estos posesivos.

tus · su · sus · mis · vuestras · nuestra · vuestro · nuestros · mi · su

(yo)
(tú)
(Ud., él, ella)
(nosotros/as)
(vosotros/as)
(Uds., ellos/as)

LOS POSESIVOS

	masculino		femenino	
	singular	plural	singular	plural
	mi			mis
	tu		tu	tus
		sus	su	
	nuestro			nuestras
		vuestros	vuestra	
	su	sus		sus

5 Lee el foro otra vez y subraya los posesivos.

6 Escribe frases como en el modelo.

1 yo, el amigo — *Es mi amigo.*

2 él, la regla — ....

3 ellas, los padres — ....

4 tú, los móviles — ....

5 nosotros, los perros — ....

6 vosotras, la madre — ....

[Ahora tú]

7 Escribe un artículo para el foro como el de Manuel. Indica las horas y con quién realizas cada actividad.

12 Mis gustos y aficiones

Manuel hace un póster sobre sus aficiones
Los gustos de Manuel

1 Relaciona cada foto con la palabra adecuada.

| 1 tocar la guitarra | 2 patinar | 3 el chocolate | 4 hacer surf | 5 el invierno |

| 6 los helados de vainilla | 7 los perros | 8 dibujar | 9 las fresas | 10 el fútbol |

2 Escucha lo que dice Manuel y marca *me gusta/n* 😎, *no me gusta/n* 😠.

tuaulavirtual
PISTA 29

	😎 / 😠			😎 / 😠
1 tocar la guitarra	☐ / ☐	6	el invierno	☐ / ☐
2 patinar	☐ / ☐	7	hacer surf	☐ / ☐
3 el chocolate	☐ / ☐	8	dibujar	☐ / ☐
4 las fresas	☐ / ☐	9	los perros	☐ / ☐
5 los helados de vainilla	☐ / ☐	10	el fútbol	☐ / ☐

El verbo *gustar* 📝 CE. 7, 9 (pp. 18, 19)

3 Completa con la información del póster.

a mí	**me**
a ti	**te**
a Ud., a él, a ella	**le**
a nosotros/as	**nos**
a vosotros/as	**os**
a Uds., a ellos/as	**les**

gust**a** → infinitivo
.... / ....
.... / ....

nombre singular
.... / ....
....

gust**an** → nombre plural
.... / ....
....

¿Qué te gusta? 📝 CE. 8 (p. 19)

4 Completa las frases con *gusta* o *gustan*.

1 Nos [gusta] escuchar música.

2 Nos [____] los gatos.

3 A Lola le [____] el otoño.

4 A mis amigos les [____] leer.

5 ¿Te [____] los ordenadores?

6 ¿Os [____] las fiestas?

7 A Iván le [____] la Geografía.

8 ¿No te [____] las Matemáticas?

9 No me [____] la natación.

10 Me [____] ver la tele.

5 Escucha y completa con la letra correcta: **a** = *le gusta(n)* / **b** = *no le gusta(n)*.
Luego, escribe la frase, como en el modelo.

tu**aula**virtual
PISTA **30**

1 — a le gustan

2 — ☐ ....

3 — ☐ ....

4 — ☐ ....

- - - [**Ahora tú**] - - -

6 Confecciona un póster como el de Manuel. Explica en clase las cosas que te gustan y las cosas que no te gustan.

Me gusta hacer selfies.

5 — ☐ ....

6 — ☐ ....

Repasas
la gramática

Escribe las respuestas en tu cuaderno

El presente

1 Conjuga los verbos en presente.

acostarse	1 yo _____
	2 él _____
	3 nosotros _____

merendar	7 yo _____
	8 ustedes _____
	9 vosotros _____

volver	13 ellos _____
	14 nosotros _____
	15 tú _____

vestirse	4 tú _____
	5 ellos _____
	6 vosotros _____

ir	10 yo _____
	11 tú _____
	12 nosotros _____

2 Lee lo que hace Marta cada día.
Escribe los verbos en la forma correcta.

1 Marta levantarse .... a las 7:25.

3 Desayunar .... con su madre y su hermano.

2 Luego, ducharse .... y vestirse ....

4 (Ella y sus compañeros) Llegar .... al instituto a las 7:45.

6 Por la tarde, (ella y su amiga) volver .... a casa a las 17:30.

5 (Ella y sus compañeros) Comer .... en el instituto.

7 En casa, merendar ...., hablar .... con sus padres, ver .... la tele y hacer .... los deberes.

9 Leer .... un cómic y acostarse .... a las 22:30.

8 Cenar .... a las 21:00.

Los posesivos

3 Escribe las palabras con los adjetivos posesivos como en el modelo.

1. yo `mi tableta`
2. nosotros
3. tú
4. Alejandro
5. Cristina
6. yo
7. tú
8. Lola
9. tú
10. vosotros
11. nosotros
12. ellos

El verbo *gustar*

4 Escribe los pronombres personales y termina las frases.

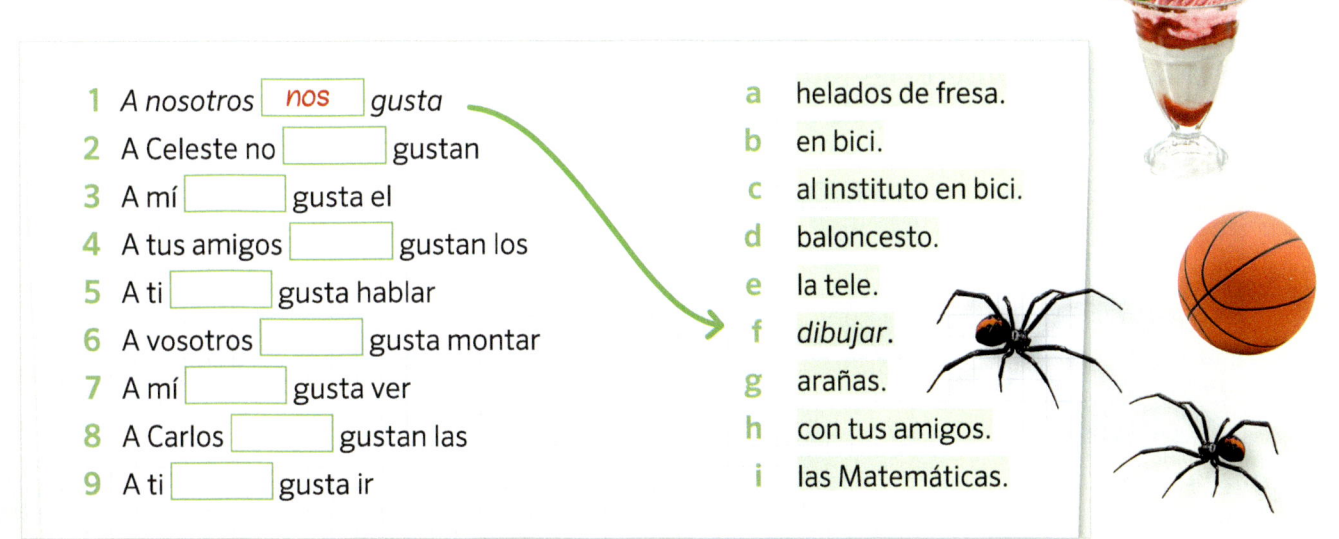

1. A nosotros `nos` gusta
2. A Celeste no ____ gustan
3. A mí ____ gusta el
4. A tus amigos ____ gustan los
5. A ti ____ gusta hablar
6. A vosotros ____ gusta montar
7. A mí ____ gusta ver
8. A Carlos ____ gustan las
9. A ti ____ gusta ir

a. helados de fresa.
b. en bici.
c. al instituto en bici.
d. baloncesto.
e. la tele.
f. *dibujar*.
g. arañas.
h. con tus amigos.
i. las Matemáticas.

Vivir en sociedad

Tareas domésticas

1 Lee el cuestionario y marca tu experiencia personal.

ENCUESTA SOBRE LAS TAREAS DOMÉSTICAS

1. ¿Quién colabora en casa?

   ☐ Yo.
   ☐ Mi hermano/a.
   ☐ Mis hermanos no colaboran, son pequeños.

2. ¿Qué tareas realizas y te gustan (1)?
   ¿Qué tareas realizas, pero no te gustan (2)?

   1 2
   ☐ ☐ Hago la cama.
   ☐ ☐ Pongo la mesa.
   ☐ ☐ Lavo los platos.
   ☐ ☐ Ayudo a preparar la comida.
   ☐ ☐ Ordeno mi habitación.
   ☐ ☐ Saco la basura.
   ☐ ☐ Voy al supermercado con mi madre.

Todos colaboramos en casa

2 Organiza el horario de tareas domésticas de tu familia para esta semana. Observa las fotos y completa como en el modelo. Después, explícalo en clase.

> Para preguntar una palabra que no conoces:
>
> *¿Cómo se dice ●●● en español?*

¿Qué? *Hacer la cama*
¿Quién? *Yo*
¿Cuándo? *Todos los días*

Los animales tienen derechos

Declaración universal de los derechos del animal

Artículo 2
- Todo animal tiene derecho al respeto.
- El hombre es una especie animal, y no tiene el derecho de exterminar a los otros animales. Tiene la obligación de poner sus conocimientos al servicio de los animales.
- Todos los animales tienen derecho a los cuidados y a la protección del hombre.

Artículo 3
Ningún animal debe ser maltratado ni sufrir actos crueles.

Artículo 6
Abandonar un animal es un acto cruel y degradante.

Artículo 11
Todo acto que implica la muerte de un animal sin necesidad es un biocidio, es decir, un crimen contra la vida.

Artículo 12
- Todo acto que implica la muerte de un gran número de animales es un genocidio, es decir, un crimen contra la especie.

Artículo 13
- Un animal muerto debe ser tratado con respeto.
- Las escenas de violencia en las que los animales son víctimas deben ser prohibidas en el cine y en la televisión, excepto si tienen un valor educativo para mostrar que no se puede hacer.
- Los derechos del animal deben ser defendidos por la ley, como lo son los derechos del hombre.

1 Infórmate sobre los derechos de los animales y marca si es verdadero (V) o falso (F).

1 El hombre pertenece a la especie animal. ☐
2 Abandonar un animal está bien. ☐
3 El hombre y el animal deben ser tratados con respeto. ☐
4 En el cine y la televisión se pueden utilizar animales para escenas de violencia. ☐
5 Un biocidio es un crimen contra la vida. ☐
6 Un genocidio es un crimen contra la especie. ☐

2 Ahora, corrige las afirmaciones falsas.

3 Piensa en dos derechos más de los animales y escríbelos.

MAGACÍN

NOMBRES Y APELLIDOS
ESPAÑOLES E HISPANOS

1 ¿Sabes cuáles son los cinco nombres más comúnes en España? ¿Y en Hispanoamérica? ¿Y los apellidos más frecuentes? Infórmate.

NOMBRES

ESPAÑA	HISPANOAMÉRICA
Hugo, Daniel, Pablo, Alejandro, Álvaro.	Santiago, Mateo, Matías, Sebastián, Diego.
Lucía, María, Martina, Paula, Daniela.	Sofía, Isabella, Valentina, Camila, Valeria.

García es el apellido más común de los españoles. Después, *González* (931 906 personas), *Rodríguez* (929 877) y *Fernández* (924 010).

En Hispanoamérica, los apellidos más comunes son *González*, *Rodríguez* y *Gómez*.

Muchos apellidos que terminan en *-ez* significan 'hijo de', por ejemplo, *González* ➜ 'hijo de Gonzalo'.

Los españoles e hispanos tienen dos apellidos. Normalmente, el primer apellido es el primer apellido del padre, y el segundo es el primer apellido de la madre. Esto es igual para hombres y mujeres, porque la mujer casada no toma el apellido de su marido.

Los apellidos tienen diferentes orígenes, por ejemplo, **oficios:** *Sillero, Herrero, Carpintero…*; **monumentos:** *Castillo, Palacios, Iglesias…*; **ciudades:** *Segovia, Toledo, Cuenca…* y también **características de personas:** *Rubio, Moreno, Alegre, Delgado…*

2

1 De los nombres de chicos y chicas anteriores, indica tus preferidos.
2 ¿Existen estos nombres en tu país?
3 ¿Cuáles son los nombres de chico y chica más frecuentes de tu clase?
4 ¿Cuántos apellidos tienes? ¿Qué apellidos son más frecuentes en tu país?
5 Busca información sobre dos famosos, uno español y otro hispano. Escribe su nombre y sus apellidos.

Raúl González Blanco

Pedro Delgado Robledo

Enrique Iglesias Preysler

Paulina Rubio Dosamantes

Fernando Torres Sanz

Amaia Salamanca Urizar

3 ¿Qué puedes decir de los apellidos de estos famosos?

EL ÁRBOL GENEALÓGICO

4 Ya sabes cómo funcionan los apellidos en España. Completa el árbol genealógico de esta familia.

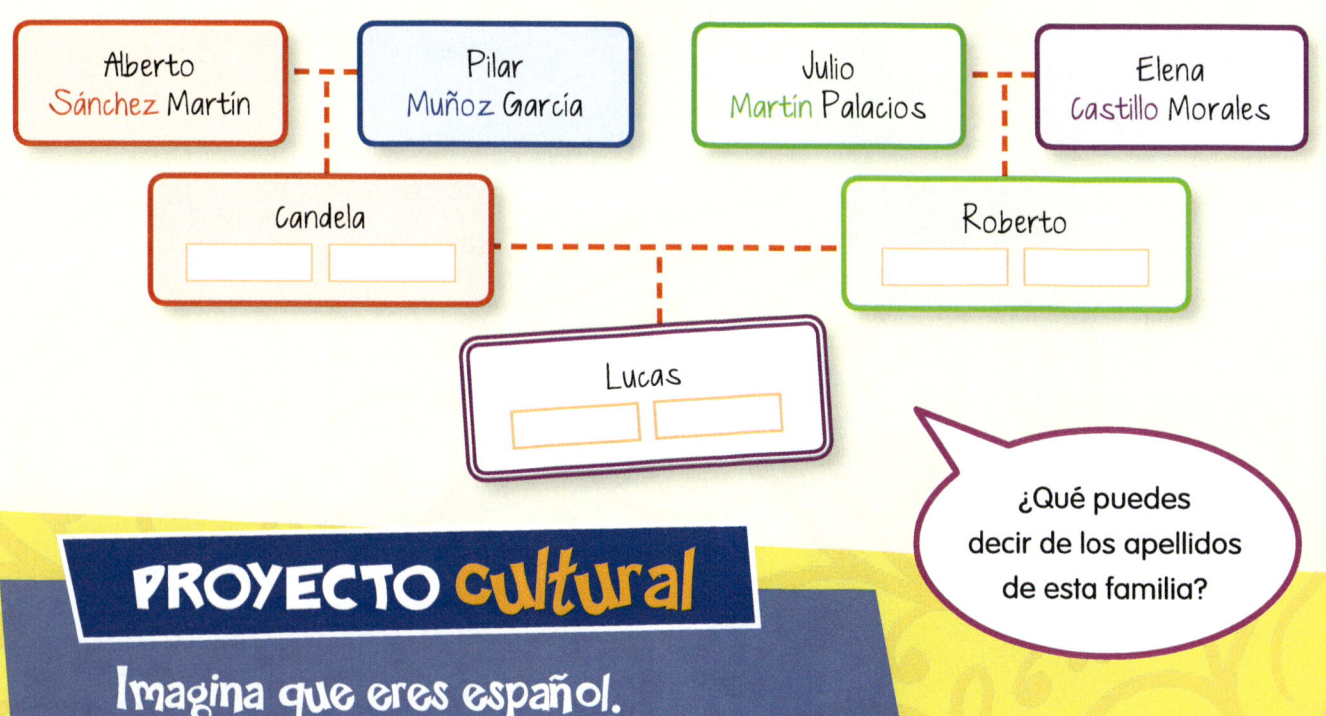

Alberto
Sánchez Martín

Pilar
Muñoz García

Julio
Martín Palacios

Elena
Castillo Morales

Candela

Roberto

Lucas

¿Qué puedes decir de los apellidos de esta familia?

PROYECTO cultural

Imagina que eres español.

◆ Completa tu árbol genealógico y explícalo en clase.

5 ¿Cuál es tu color favorito?

Objetivos

1 Hablar de tu color favorito

2 Decir cómo son las personas

3 Hablar del pasado

▶ LÉXICO

- ✓ Los colores
- ✓ Las partes del cuerpo
- ✓ Los números hasta 100

▶ COMUNICACIÓN

- ✓ Describes personas
- ✓ Dices de qué color es un objeto
- ✓ Cuentas actividades pasadas

▶ GRAMÁTICA

- El adjetivo: masculino y femenino
- Los colores: género y número
- El pretérito perfecto simple

Vivir en sociedad

❖ **El móvil: uso responsable**

 **de Ciencias Sociales**

❖ **Los husos horarios**

MAGACÍN

❖ **Datos curiosos sobre España e Hispanoamérica**

❖ **Proyecto cultural**

LA CARA

1 Observa las pistas y escribe los nombres de las partes de la cara.

nariz

oreja ✓

pelo

boca

ojo

1 el _ _ o

2 la _ _ _ _ i _

3 la _ _ _ a

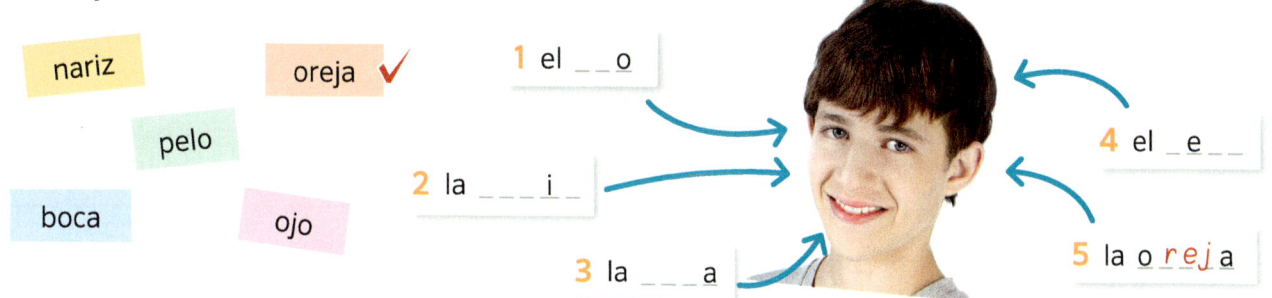

4 el _ e _ _

5 la o r e j a

---

2 Indica el color favorito de Paula.

El color favorito de Paula es:

1 el violeta ☐

2 el verde ☐

LOS COLORES

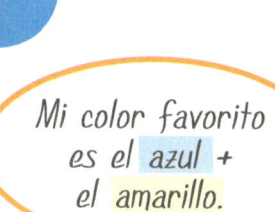

Mi color favorito es el azul + el amarillo.

LOS NÚMEROS

3 Observa los colores y completa los números.

40 cuarenta
41 cuarenta y *uno*
42 cuarenta y *dos*
43 cuarenta y ☐
44 cuarenta y ☐
¡Tengo 44 selfies!

LOS AMIGOS DE PAULA

4 Escribe cómo es la amiga de Paula.

Tengo dos amigos. Mario es moreno y Alicia también es ☐

Mario

Alicia

13 Mis amigos

Paula hace una foto a sus amigos

 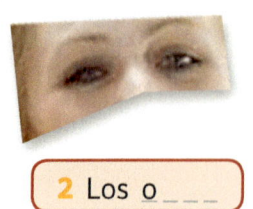 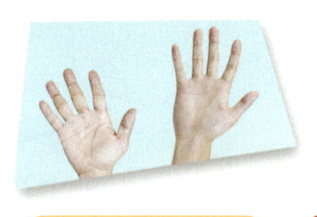  

1 Las o _ _ _ _ _ _

2 Los o _ _ _ _

3 Las m _ _ _ _ _

4 La n _ _ _ _ _

5 El p _ _ _ _

Alba

Marcos

Rocío

Sergio

Carmen

Andrés

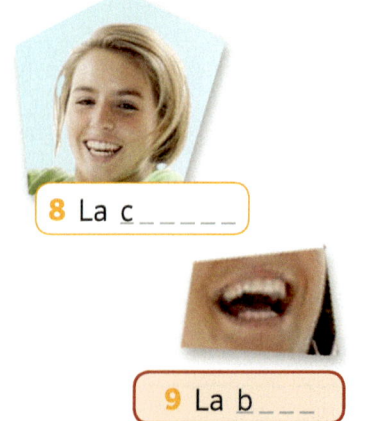

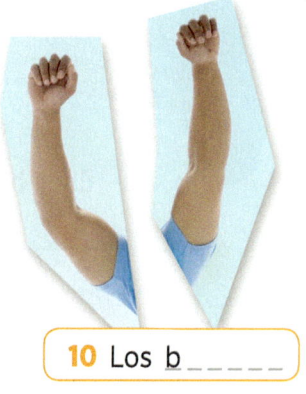

6 Los p _ _ _ _

7 Las p _ _ _ _ _ _ _

8 La c _ _ _ _ _ _

9 La b _ _ _ _

10 Los b _ _ _ _ _ _

LOS COLORES

Sergio

Alba

Carmen

Marcos

Rocío

Andrés

1 _ z _ l

2 g _ r _ s

3 _ m _ r _ ll _

4 n _ r _ n j _

5 r _ s _

6 m _ rr _ n

7 r _ j _

8 v _ r d _

9 v _ _ l _ _ _

10 n _ g r _
11 b l _ n c _

El cuerpo   CE. 1 (p. 20)

1 Observa la foto de los amigos de Paula y completa solo las etiquetas en rojo con estas partes del cuerpo que conoces.

> orejas   boca   nariz   ojos   pelo

2 Lee las pistas y completa las etiquetas que faltan.

1 El pelo está en la cabeza.
2 Tenemos dos manos* y dos brazos. Con las manos escribimos, dibujamos…
3 Tenemos dos piernas. Al final de las piernas tenemos dos pies.

> * Termina en -o, pero es una palabra femenina.

3 Ahora, escucha y comprueba.

tuaulavirtual
PISTA **31**

4 Clasifica las partes del cuerpo.

1 La cabeza → *los ojos…*
2 El cuerpo → [   ]

Los colores CE. 2 (p. 20)

5 Los amigos de Paula hablan de su color favorito. Escucha lo que dicen y escribe el nombre del color adecuado. Observa las pistas.

tuaulavirtual
PISTA **32**

6 Di una casilla. Tu compañero dice el color.

C1
gris

	a	b	c	d	e
1	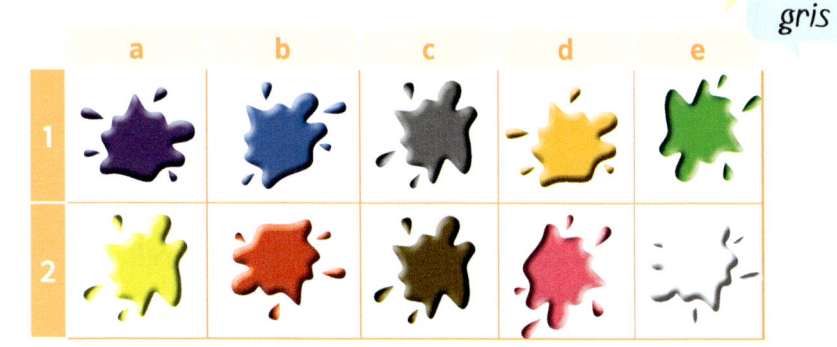				
2					

┌ **[Ahora tú]** ┐

7 Señala un objeto del aula. Tu compañero dice su color.

14 Los números de Paula

Paula se presenta con números

Diez, veinte, treinta...

1 Escucha y lee cómo se presenta Paula.

tuaulavirtual
PISTA 33

1 Vivo en Madrid, en el número **94** de la calle Alcalá.

6 Soy castaña y tengo el pelo liso y largo: **35** cm.

5 Soy alta, mido 1 metro **61**.

2 Mi número de móvil es el 625 **43** 71 **83**.

3 Mi número favorito es el **7**5.

4 Soy delgada, peso **52** kilos.

1,61 m

Así es Paula

2 Después de leer la presentación de Paula, completa la información que falta.

¿Cuánto mide?	¿Cuánto pesa?	¿Cómo tiene el pelo?	¿Cuál es su dirección?
1,61 m	.... kilos	.... y largo	calle ...., Madrid

Cuentas hasta 100 CE. 3, 4 (p. 21)

3 Observa el color de los números anteriores.
Escucha y completa como en el modelo.

tuaulavirtual
PISTA 34

30	treinta
40	
50	
60	

70	
80	
90	
100	cien

Los números de Paula

4 **Localiza los números en la presentación de Paula y escríbelos en letras, como en el modelo.**

1 *Su número de móvil 6 25 43 71*
    ochenta y *tres*
....

2 Su número favorito
....

3 El número de la calle
....

4 Su estatura, mide
....

5 Su peso
....

6 El pelo
....

El adjetivo: género y número

5 **Completa la información con estos adjetivos.**

delgado   rubias

morena   bajos

castaña   gordos

rubio   delgadas

gorda   castaños

morenas   rubios

ADJETIVOS PARA DESCRIBIR PERSONAS			
singular		**plural**	
masculino -o	**femenino -a**	**masculino -os**	**femenino -as**
alto	alta	altos	altas
bajo	baja		bajas
gordo			gordas
	delgada	delgados	
	rubia		
castaño			castañas
moreno		morenos	
consonante: azul, marrón		+ es: azules, marrones	
-e: verde		+ s: verdes	

¿Cómo es?  CE. 5 (p. 21)

6 **Observa las fotos y describe a esta persona.**

1 *Es moreno.*
Tiene el pelo corto y liso.
Tiene los ojos azules.

2 Es [   ].
Tiene el pelo [   ] y [   ].
Tiene los ojos [   ].

¿Quién es?

7 **Observa la foto y di el nombre de los chicos.**

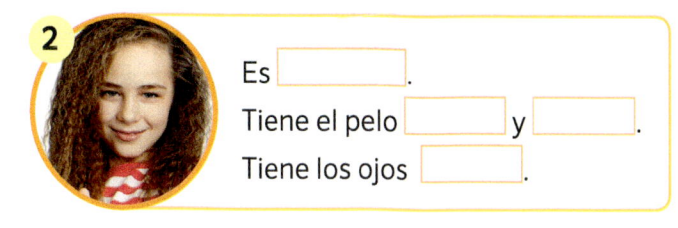

Para describir, decimos:
Tiene el pelo corto ≠ largo
      rizado ≠ liso
Tiene los ojos verdes, azules
Lleva gafas

Roberto   Noemí   Rut   Carla   Hugo

1 Son altos.
2 Son delgados y morenos.
3 No tienen el pelo largo.
4 Son rubias.

[**Ahora tú**]

8 **Describe a un miembro de tu familia y di cuántos años tiene.**

Mi fin de semana

Paula te cuenta su fin de semana

Paseé con Ron

1 Escucha a Paula y lee.

tuaulavirtual
PISTA 35

El sábado me levanté a las 10:00 y desayuné con mis padres y mi prima Clara. Por la tarde, fui al parque con Ron. Él corrió y jugó con otros perros.

El domingo por la mañana, salí con mis amigos. Fuimos a patinar. ¡Hice 30 fotos! Después, volví a casa a las 13:00. Por la tarde vi la tele.

Para hablar de actividades pasadas, usamos el pretérito perfecto simple.

2 Ahora, observa las formas en rojo en el texto y relaciona con el infinitivo correspondiente.

1 ir → *fuimos (es irregular)* 5 jugar → ....

2 hacer → .... 6 volver → ....

3 desayunar → .... 7 correr → ....

4 levantarse → .... 8 salir → ....

9 ver → ....

El pretérito perfecto simple  CE. 6, 7, 8, 9 (p. 22)

3 Observa las formas y completa en pretérito perfecto simple.

1 desayuno ____
2 viven ____
3 coméis ____
4 explica ____
5 juegas ____
6 escribís ____
7 paseas ____
8 escucha ____
9 aprende ____

	DESAYUNAR	CORRER	SALIR
(yo)	desayuné	corrí	salí
(tú)	desayunaste	corriste	saliste
(Ud., él, ella)	desayunó	corrió	salió
(nosotros/as)	desayunamos	corrimos	salimos
(vosotros/as)	desayunasteis	corristeis	salisteis
(Uds., ellos/as)	desayunaron	corrieron	salieron

4 Escucha y completa con las formas que faltan.

tuaulavirtual
PISTA **36**

hicieron   fuiste   fuisteis   hice

vieron   hicimos   viste

VERBOS IRREGULARES

VER	HACER	IR
vi	____	fui
____	hiciste	____
vio	hizo	fue
vimos	____	fuimos
visteis	hicisteis	____
		fueron

El domingo Paula...

5 Ordena las frases y descubre qué hizo Paula el domingo. Conjuga los verbos en pretérito perfecto simple.

1 *Me levanté a...*

1 las diez · desayunar · mi hermano. · y · a · Levantarse · con

2 la cama · habitación. · Luego, · mi · ordenar · hacer · y

3 a · ir (nosotras) · Llamar · y · piscina. · a Marta · la

4 y · padres. · a casa · comer (nosotras) · mis · con · Volver (nosotras) · a la una

5 la · en el · Por · música · la tarde · ver · ordenador. · y · tele · escuchar

6 preparar · y · las nueve, · Cenar · mi · mochila · a las · a · diez. · acostarse

[Ahora tú]

6 Explica en clase cuatro cosas que hiciste el fin de semana.

Repasas
la gramática

Escribe las respuestas en tu cuaderno

Los números (30 ▶ 100)

1 Escribe los números en letras.

55	**39**	**86**	**47**
cincuenta y cinco	....	....	....
91	**62**	**48**	**53**
....	....	....	....
68	**74**	**99**	**71**
....	....	....	....

El adjetivo: masculino y femenino

2 Indica el género (masculino o femenino) y el número (singular o plural) de estos adjetivos, como en el modelo.

MS = masculino singular; **MP** = masculino plural; **FS** = femenino singular; **FP** = femenino plural

1 alto .... *MS*
2 baja ....
3 castaña ..
4 moreno ..

5 altas ....
6 liso ....
7 delgado ..
8 rubio ......

9 morenas .
10 castaño ....
11 bajas ......
12 rubias .....

13 gordo .....
14 rizado .....
15 delgada ..
16 bajos ......

3 Dibuja a los amigos de Raúl en tu cuaderno.

> Selena es baja y delgada. Es morena y tiene el pelo largo y liso.

> Mario es alto y gordo. Es rubio y tiene el pelo largo y rizado.

4 Ahora, escribe los textos otra vez, pero con los adjetivos contrarios.

> Selena es alta y gorda. Es...

Los colores: género y número

5 Completa las frases con el color correspondiente.

1 El elefante es _____
2 La mariquita es _____ y _____
3 Los higos son _____
4 El chocolate es _____
5 El lazo es _____
6 Las zanahorias son _____
7 Los patos son _____
8 El kiwi es _____
9 Las margaritas son _____ y _____
10 El loro es _____ y _____

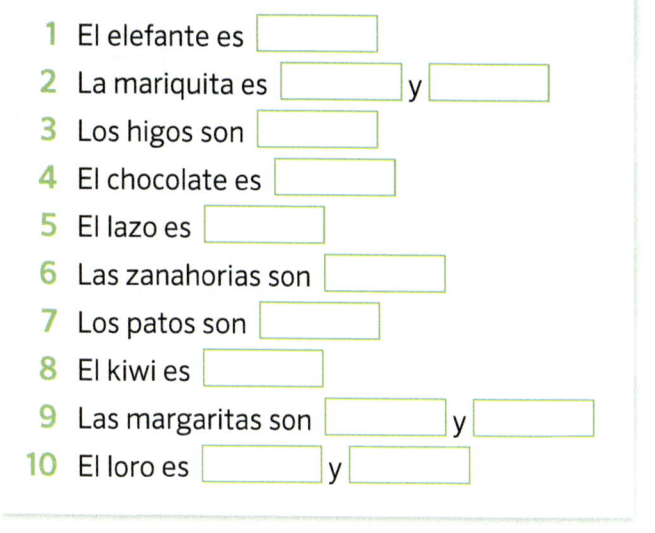

> **Formación del femenino**
> - Terminan en -*a* → -*e*
>   consonante → no cambian
>   -*o* → -*a*
>
> **Formación del plural**
> - Terminan en vocal → + *s*
>   consonante → + *es*
>   (*marrón* → *marrones*)

El pretérito perfecto simple

6 Completa con las formas correctas.

	VER	HACER	SALIR	ESTUDIAR	IR
(yo)	vi	_____	salí	estudié	fui
(tú)	_____	hiciste	_____	_____	_____
(Ud., él, ella)	vio	_____	_____	estudió	_____
(nosotros/as)	_____	hicimos	_____	_____	_____
(vosotros/as)	_____	_____	salisteis	estudiasteis	fuisteis
(Uds., ellos/as)	_____	_____	_____	_____	_____

7 Escribe las frases en pretérito perfecto simple.

El domingo

1 (Yo) _____ con mi perro.

2 Mis padres _____ .

3 (Tú) _____ .

4 (Vosotros) _____ a las 14:00 con vuestros abuelos.

5 Mis amigos y yo _____ .

6 (Yo) _____ .

Vivir en sociedad

Teléfono móvil, ¿dónde y cuándo?

Hoy, casi todos los adolescentes españoles tienen un móvil: para hablar, sacar fotos, escuchar música, mandar mensajes, navegar por la web, jugar con aplicaciones, ver vídeos...

1 **Contesta a estas preguntas.**

> *Usamos para + infinitivo para expresar finalidad.*

1 Y tú, ¿para qué lo usas?

2 ¿Cuántas veces lo consultas al día?

3 ¿Quién paga las facturas?

4 ¿Tus padres controlan tu uso del móvil? ¿Cuándo?

5 ¿Piensas que los padres deben o no deben controlar a sus hijos?

6 ¿Qué no tienes derecho a hacer con tu móvil?

¿Estás enganchado/a al móvil?

	SÍ	NO
1 Mis amigos y mi familia dicen que estoy todo el día «colgado» del móvil.	☐	☐
2 Llamo a mis amigos o envío mensajes de forma mecánica, casi sin pensarlo..............	☐	☐
3 Cuando el móvil suena, tengo que responder, incluso en situaciones que no son apropiadas. Necesito saber quién me llama y qué quiere decirme.	☐	☐
4 Siempre estoy mirando mi móvil para ver si mis amigos me llaman o me mandan un mensaje. .	☐	☐
5 Cuando estoy en casa (incluso en el baño), siempre tengo el móvil en la mano. No me separo de él.	☐	☐
6 A veces cuando estoy comiendo o hago otras cosas, uso el móvil.	☐	☐
7 Normalmente uso el móvil para relacionarme con mis amigos, para conversar con ellos, para quedar.	☐	☐
8 Para mí es más fácil hablar y comunicarme a través del móvil que en persona.	☐	☐
9 Si olvido el móvil, o no puedo tenerlo encendido, estoy nervioso.	☐	☐
10 Mis padres dicen que gasto mucho en llamadas y se enfadan conmigo.	☐	☐

2 **Lee estas afirmaciones y marca *sí* o *no*. Después, suma las afirmativas y lee el resultado.**

Resultado

▶ **0 respuestas afirmativas.** Está claro que no estás enganchado. Solo usas el móvil cuando lo necesitas. Usas el móvil de forma responsable.

▶ **2 o 3 respuestas afirmativas.** Oh, oh, empiezas a tener síntomas de estar «enganchado» más de lo normal, pero no estás «enganchado» completamente. Este es el momento de reflexionar sobre cómo y cuándo usas el móvil.

▶ **4, 5 o 6 respuestas afirmativas.** El móvil se ha convertido en el centro de tu vida. Atención, porque te estás alejando de las personas que tienes al lado.

▶ **7 o más respuestas afirmativas.** Es verdad que el móvil es un invento maravilloso que sirve para comunicarse con otros y te da libertad, pero debes cambiar tus hábitos y aprender a usarlo de forma responsable, porque ya eres un adicto al móvil. Reflexiona sobre tu situación.

Las horas y los países

Los husos horarios son cada uno de los **24 sectores** en que se divide la superficie de la Tierra. Son el resultado de **repartir** los 360° de la esfera terrestre entre las **24 horas** que necesita para dar una **vuelta** completa sobre su propio eje.

Cada huso horario **mide 15 grados** (360° / 24 horas = 15°). 15° = 1 hora.

Para saber qué hora es en una ciudad, tienes que tomar como referencia el meridiano 0 (**Greenwich**). Después, tienes que **sumar** (+) una hora por cada huso horario hacia el **este** y **restar** (-) una hora por cada huso hacia el **oeste**.

¿Qué hora es?

1 **Localiza en el mapa estas ciudades:** Madrid, Londres, El Cairo, Roma, Nueva York, Buenos Aires, Río de Janeiro, Montreal, Sídney.

2 **Contesta las siguientes preguntas:**

a. Si en Madrid son las 20:00 h, ¿qué hora es en las ciudades anteriores?

b. ¿Qué hora es en tu ciudad?

MAGACÍN

DATOS CURIOSOS SOBRE ESPAÑA E HISPANOAMÉRICA

1 Lee y completa la información con los números que faltan.

España

`46` `4` `85` `17`

- Tiene ___ millones de habitantes.
- Tiene `44` bienes declarados Patrimonio de la Humanidad por la Unesco.
- Los hombres viven `79` años y las mujeres, ___ .
- Tiene `34` ríos.
- Tiene ___ idiomas oficiales.
- Tiene ___ comunidades autónomas.
- `58` millones de extranjeros visitan España cada año.

Hispanoamérica

`7` `20` `400` `6`

- Se compone de ___ países.
- La población total es de ___ millones de habitantes.
- Además del español, hablan ___ lenguas: el guaraní, aimara, quechua, náhuatl, maya, wayú y mapudungún.
- Ecuador tiene `2` bienes declarados Patrimonio de la Humanidad: la ciudad de Quito y las Islas Galápagos.
- México es el `6º` país con más sitios declarados Patrimonio de la Humanidad.
- Los países más turísticos de Hispanoamérica son ___ : México, Panamá, Costa Rica, Chile, Argentina y Perú.

El español

- Es lengua oficial en `21` países del mundo.
- El `6,7` % de la población mundial es hispanohablante.
- `20` millones de alumnos estudian español como lengua extranjera.
- El `7,8` % de los usuarios de Internet se comunican en español.

2 Lee estas frases y relaciona cada una con un tema.

Temas: Geografía (**G**), Personas (**P**), Lengua (**L**)

- El río Tajo y el río Guadalquivir .... **G**
- España, Perú, México, Argentina, Guinea Ecuatorial... .... ☐
- La Alhambra de Granada. La catedral de Burgos. El acueducto de Segovia .... ☐
- El castellano, el vasco, el catalán y el gallego.... ☐
- Mexicanos, ecuatorianos, chilenos, argentinos, venezolanos.............................. ☐

La Alhambra, Granada

Catedral de Burgos

El río Tajo, Toledo

El acueducto, Segovia

Machu Picchu, Perú

El río Guadalquivir, Sevilla

Barrio de La Boca, Buenos Aires

Plaza del Zócalo, México

3 Con tu compañero, busca el nombre de:

1. Dos ciudades Patrimonio de la Humanidad españolas y dos hispanas.
2. Tres ríos españoles y tres de Hispanoamérica.
3. Cinco países hispanohablantes.
4. Tres comunidades autónomas.
5. Siete provincias españolas.

PROYECTO cultural

Prepara una presentación sobre tu país. Habla sobre:

- ◆ Cuántos habitantes tiene.
- ◆ Cuál es su división territorial.
- ◆ Cuántas lenguas se hablan y dónde.
- ◆ Cuántas personas hablan tu idioma en el mundo.
- ◆ Dos bienes Patrimonio de la Humanidad.

6 ¿Cómo es tu casa?

Objetivos

1 Decir cómo es tu piso

2 Describir tu dormitorio

3 Hablar de planes futuros

▶ **LÉXICO**
- ✓ Las partes de un piso
- ✓ Los muebles de un dormitorio

▶ **COMUNICACIÓN**
- ✓ Describes tu piso
- ✓ Explicas qué hay en tu dormitorio
- ✓ Hablas de tus planes futuros

▶ **GRAMÁTICA**
- *Hay*/*Está(n)*
- *Ir a* + infinitivo
- Los demostrativos: *este/a*, *ese/a*, *aquel/aquella*...
- Los adverbios de lugar: *aquí*, *ahí*, *allí*

Vivir en sociedad
- ❖ La paga semanal

ÁREA Educación Plástica y Visual
- ❖ Materiales y objetos

MAGACÍN
- ❖ Destino de vacaciones
- ❖ Proyecto cultural

MI CASA

1 Lee las pistas y elige la opción correcta.
¿Qué parte de la casa es?

PISTAS

▸ En la cocina comemos.
▸ En el baño nos duchamos.
▸ En el salón vemos la tele.

1 **a** cocina
b baño

2 **a** salón
b baño

3 **a** salón
b cocina

2 Lee la descripción y completa con
el nombre de cada objeto.

MI DORMITORIO

1 ....

4 ....

2 ....

3 ....

Este es mi dormitorio. El ordenador está sobre el
escritorio. La cama está a la derecha. Hay libros
en la estantería. Hay una silla delante del escritorio.

MIS PLANES

3 Relaciona los planes de David
con la foto adecuada.

1 Voy a hacer fotos. ☐
2 Voy a ir de acampada. ☐
3 Voy a hacer surf. ☐

a

b

c

David

Vivo con mis padres

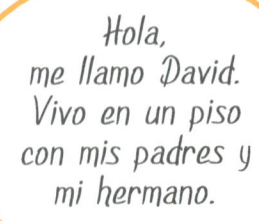

Hola, me llamo David. Vivo en un piso con mis padres y mi hermano.

Este es mi hámster. Se llama Queno.

1 el _ _ _ _ d _ _

2 el p _ _ _ _ _ o

3 la _ _ _ _ _ a

4 el s _ _ ó _

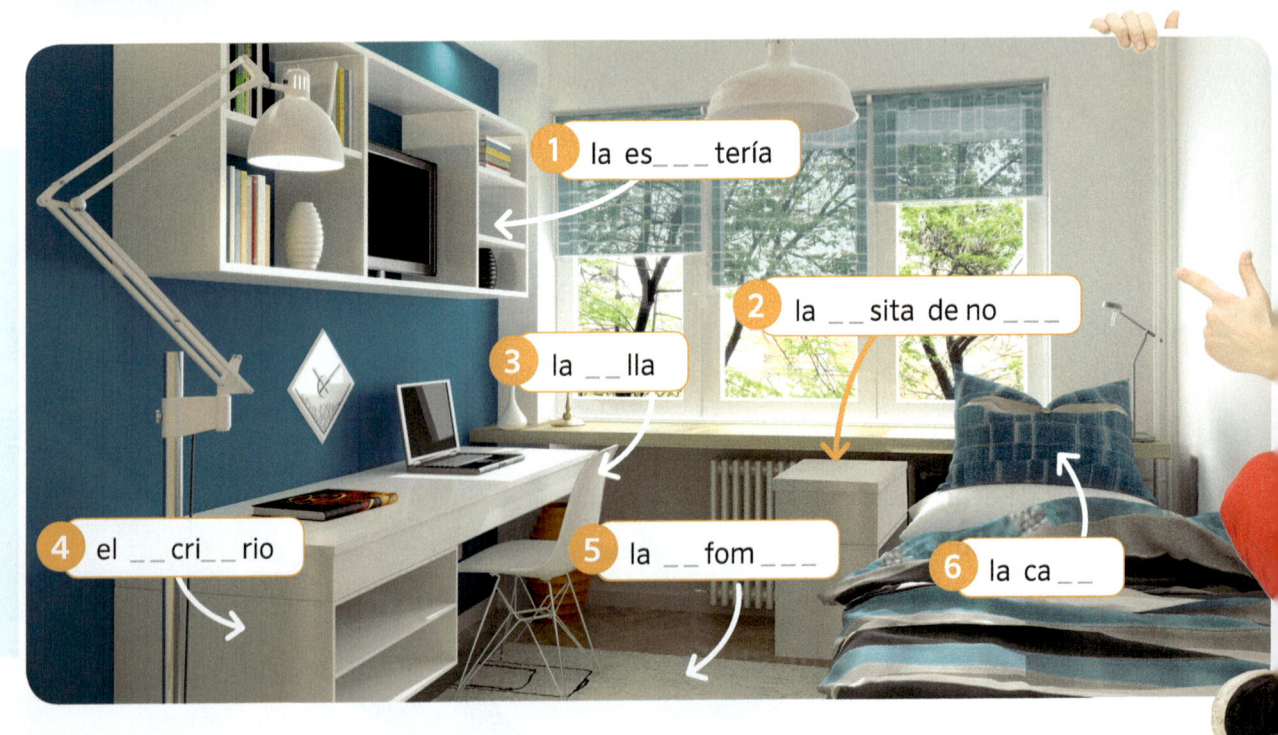

1 la es_ _ _ tería

2 la _ _ sita de no _ _ _

3 la _ _ lla

4 el _ _ cri _ _ rio

5 la _ _ fom _ _ _

6 la ca _ _

5 el _ _ _ _ _ _ o _ _ _

6 el _ _ _ _ _ _ de _ _ _ _

7 la _ _ _ _ _ _ a

El piso  CE. 1 (p. 23)

1 Encuentra los nombres en la sopa de letras.

terraza ✓   cuarto de baño   cocina   salón

comedor   pasillo   dormitorio

C	M	A	G	T	E	R	R	A	Z	A	Y	E	Ñ
G	A	P	E	L	I	V	R	U	I	R	S	U	C
C	U	A	R	T	O	G	D	E	M	B	A	Ñ	O
Y	Ñ	S	U	V	I	T	R	A	M	O	L	U	M
H	U	I	V	C	O	C	I	N	A	E	Ó	A	E
O	R	L	R	A	T	M	F	A	R	T	N	M	D
L	E	L	I	R	U	O	G	Ñ	A	U	I	V	O
T	D	O	R	M	I	T	O	R	I	O	L	E	R

2 Escribe ahora los nombres anteriores debajo de la foto adecuada.

3 ¿Dónde haces estas actividades? Explícalo en clase.

escuchar música   estudiar   ver la tele   comer

desayunar   vestirse   leer   hacer los deberes

El dormitorio de mi hermano.

El dormitorio  CE. 2 (p. 24)

tuaulavirtual
PISTA **37**

4 Escucha y completa el nombre de los muebles con estas sílabas.

al   es   tan   ma   che

si   me   bra   to

[Ahora tú]

5 Di qué muebles hay en tu dormitorio y de qué color son.

En mi dormitorio hay un armario verde.

17 Vivo en ese piso

David describe dónde vive

En mi piso hay...

tuaulavirtual
PISTA **38**

1 Escucha la descripción del piso de David. Después, señala el piso correcto.

1

2

Yo vivo ahí, en ese piso.

Expresar existencia: *hay*

2 Ahora, completa con la información anterior.

En casa de David hay

▸ un [   ] / una [   ]

▸ dos [   ] / tres [   ]

▸ No hay un [   ]

Para hablar de la existencia usamos hay.
En mi casa hay dos baños.

¿Qué hay? ¿Dónde está(n)?  CE. 3 (p. 24)

3 **Lee las afirmaciones, observa la foto y marca si son verdaderas (V) o falsas (F).**

	V	F
1 Delante del escritorio hay una silla.	☐	☐
2 La silla está detrás del balón.	☐	☐
3 La guitarra está debajo de la cama.	☐	☐
4 Hay una silla a la izquierda de la cama.	☐	☐
5 En la estantería hay libros.	☐	☐

> Hay + un/una + nombre
> Hay + nombre plural
> El/la/los/las + está(n)

Los demostrativos y los adverbios de lugar  CE. 4 (p. 24)

4 **Lee y observa la distancia entre los objetos y los amigos. Después, completa el cuadro.**

> *Este ordenador es nuevo. ¿Y esa tableta es nueva también?*

> *Aquella guitarra sí es nueva y es fantástica.*

> *No, esta tableta es de mi padre y no es nueva.*

LOS OBJETOS, PERSONAS O ANIMALES ESTÁN...		
cerca: *aquí*	no muy lejos: *ahí*	lejos: *allí*
masculino ☐ / estos	ese / esos	aquel / aquellos
femenino ☐ / estas	☐ / esas	☐ / aquellas

5 **Di un número. Tu compañero forma una frase como en el modelo.**

> El 1 — *Aquella tableta está allí.*

allí

1   2   3   4   5

ahí

6

aquí

7   8   9

[**Ahora tú**]

6 **Dibuja un plano de tu dormitorio o de tu casa. Explícalo a tu compañero.**

18 Planes para el verano

David enseña a Tomás dónde va de vacaciones

¿Qué vas a hacer?

tuaulavirtual
PISTA 39

1 Observa la página web. Escucha y lee la conversación entre estos amigos.

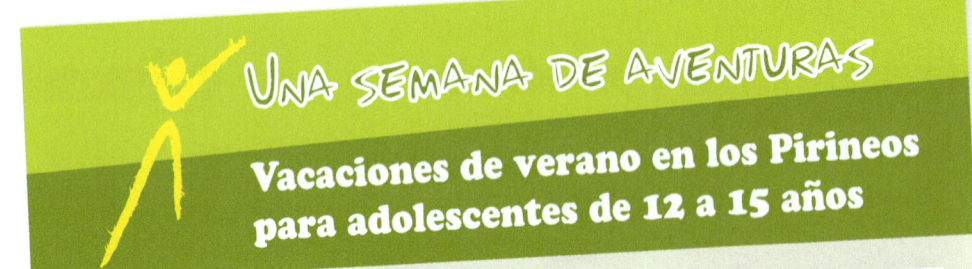

UNA SEMANA DE AVENTURAS

Vacaciones de verano en los Pirineos para adolescentes de 12 a 15 años

David ¿Qué vas a hacer este verano, Tomás?

Tomás Pues voy a ir a casa de mis tíos, viven en Santander. Mis primos y yo vamos a ir a la playa.

David ¿Vas a hacer surf?

Tomás ¡Claro!, con mi prima. Y el 16 de agosto es el cumpleaños de mi primo y va a organizar una fiesta con sus amigos. Vamos a bailar mucho. Y tú, ¿qué vas a hacer?

David Yo, en julio, voy a ir a un campamento en los Pirineos. Mira la web… ¿te gustan las actividades?

Tomás ¡Son geniales! ¡Vas a jugar al baloncesto! ¡Qué suerte tienes, David!

David Sí, también voy a montar a caballo, voy a hacer actividades de multiaventura y voy a nadar en el lago…

Baloncesto

En el lago

Montar a caballo

Multiaventura

Actividades de verano

2 Relaciona cada amigo, David (D) o Tomás (T), con una actividad según el diálogo anterior.

montar a caballo ☐   nadar ☐   jugar al baloncesto ☐   bailar ☐   ir a Santander ☐

hacer surf ☐   ir a la playa ☐   hacer actividades de multiaventura ☐   ir a los Pirineos ☐

Expresar planes: *ir a* + infinitivo  CE. 5 (p. 25)

3 Escribe las formas del verbo *ir* y los **infinitivos** de la actividad 1.

> Para hablar de planes futuros usamos *ir a* + infinitivo.
> *Voy a ir a la playa.*

1 ¿Qué *vas a hacer* este verano?
2 (yo) [ ] a [ ] a caballo.
3 (Ud., él, ella) [ ] a [ ] en un lago.
4 (nosotros/as) [ ] a [ ] multiaventura.
5 (vosotros/as) [ ] a [ ] a la playa.
6 (Uds., ellos/as) [ ] a [ ] surf.

¿CUÁNDO?

- Hoy
- A las dos, a las tres…
- Esta mañana, esta tarde, esta noche
- Mañana
- El lunes, el martes…
- Este fin de semana, este verano…
- En enero, en febrero, en marzo…

¿Cuándo?  CE. 6 (p. 25)

4 Conjuga los verbos y termina las frases como en el modelo.

1 Hoy (ver, yo) *Hoy voy a ver una película con mis amigos.*
2 Mañana (montar, yo) ....
3 A las seis (jugar, Raúl y Paula) ....
4 El lunes (bailar, tú) ....
5 En agosto (nadar, nosotros) ....
6 En julio (hacer, José) ....
7 Esta tarde (comer, vosotros) ....
8 Esta mañana (pasear, mi madre) ....
9 Este fin de semana (ir, nosotros) ....
10 El domingo (escuchar, tú) ....

- una película con mis amigos. ✓
- helados de chocolate.
- surf en San Sebastián.
- música en tu móvil.
- en bici con mi hermano.

- con su perro.
- en un lago.
- al baloncesto.
- a la piscina.
- en una fiesta de cumpleaños.

[**Ahora tú**]

5 Explica qué planes tienes para el verano.

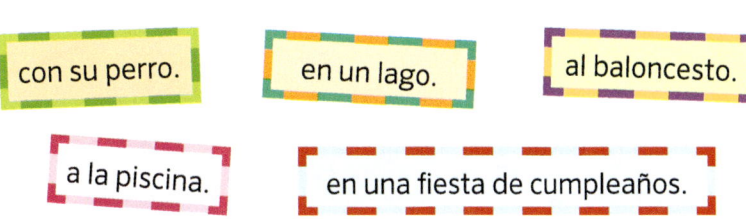

 # Repasas
la gramática

Escribe las respuestas en tu cuaderno

Hay/Está(n)

1 **Completa la regla con el ejemplo adecuado.**

1 Mi gato está sobre la cama.

2 Los libros están en la mochila.

3 Hay tres lápices sobre la mesa.

4 Hay una terraza en la casa.

5 Hay libros en la estantería.

6 Quique está en la habitación.

HAY → INDICA EXISTENCIA	ESTÁ/ESTÁN → INDICAN SITUACIÓN
▶ hay + un/una + nombre	▶ el/la, los/las + nombre + está(n)
....	....
▶ hay + nombre plural	▶ persona(s) + está(n)
....	....
▶ hay + número + nombre plural	▶ posesivo + nombre + está(n)
....	....

* Puedes cambiar el orden de las palabras.
Hay una terraza en la casa. = En la casa hay una terraza.

2 **Completa las frases con *hay*, *está* o *están*.**

1 En mi casa [____] una terraza.

2 Alejandro [____] en su habitación.

3 En la estantería [____] cómics.

4 El ordenador [____] al lado de los diccionarios.

5 ¿Dónde [____] mi libro?

6 ¿En tu aula [____] una pizarra digital?

7 Mis amigos [____] en el parque.

8 [____] tres lápices sobre la mesa.

3 **¿Cuántas frases puedes formar? Une con flechas.**
Luego, cambia el orden de las palabras de las frases con *hay*.

▶ *En mi instituto hay dos laboratorios./Hay dos laboratorios en mi instituto.*

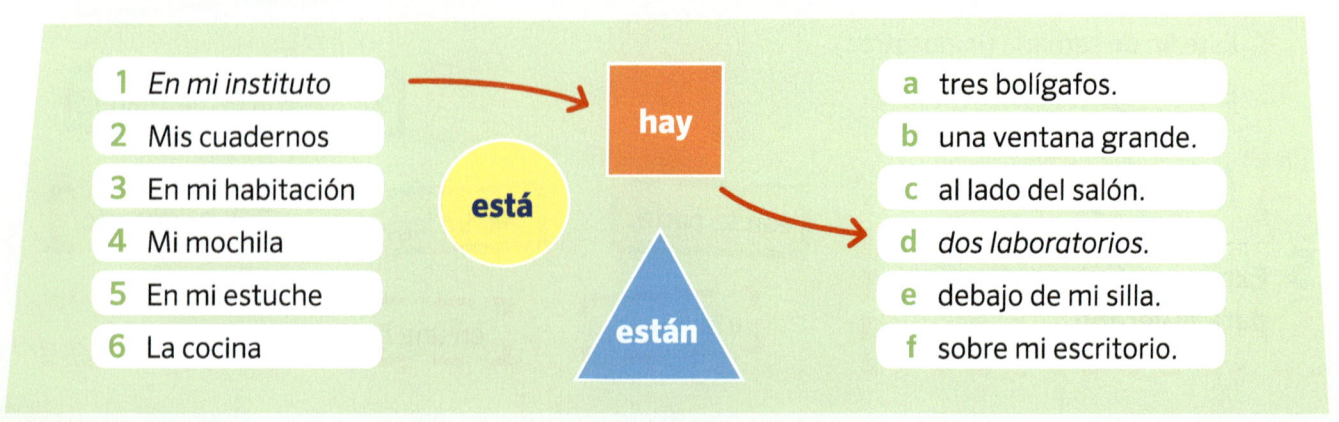

1 *En mi instituto*

2 Mis cuadernos

3 En mi habitación

4 Mi mochila

5 En mi estuche

6 La cocina

está **hay** **están**

a tres bolígafos.

b una ventana grande.

c al lado del salón.

d *dos laboratorios.*

e debajo de mi silla.

f sobre mi escritorio.

Los demostrativos y los adverbios de lugar

4 Transforma las frases, como en el modelo.

1 *El diccionario está* aquí. *Este diccionario.*
2 Los alumnos están allí.
3 La mesa está ahí.
4 Las casas están allí.
5 Los perros están aquí.
6 El parque está ahí.
7 Los profesores están allí.
8 La tableta está aquí.

Ir a + infinitivo

5 Conjuga los verbos, como en el modelo.

1 *nadar en el mar, nosotros*
Vamos a nadar en el mar.

2 hacer los deberes, tú

3 montar en bici, Bea y Sofía

4 navegar por Internet, vosotros

5 patinar en el parque, Andrea

6 leer un texto, yo

7 merendar con Miguel, yo

8 escuchar música en mi habitación, nosotros

6 Conjuga los verbos y completa la frase con la expresión temporal más adecuada.

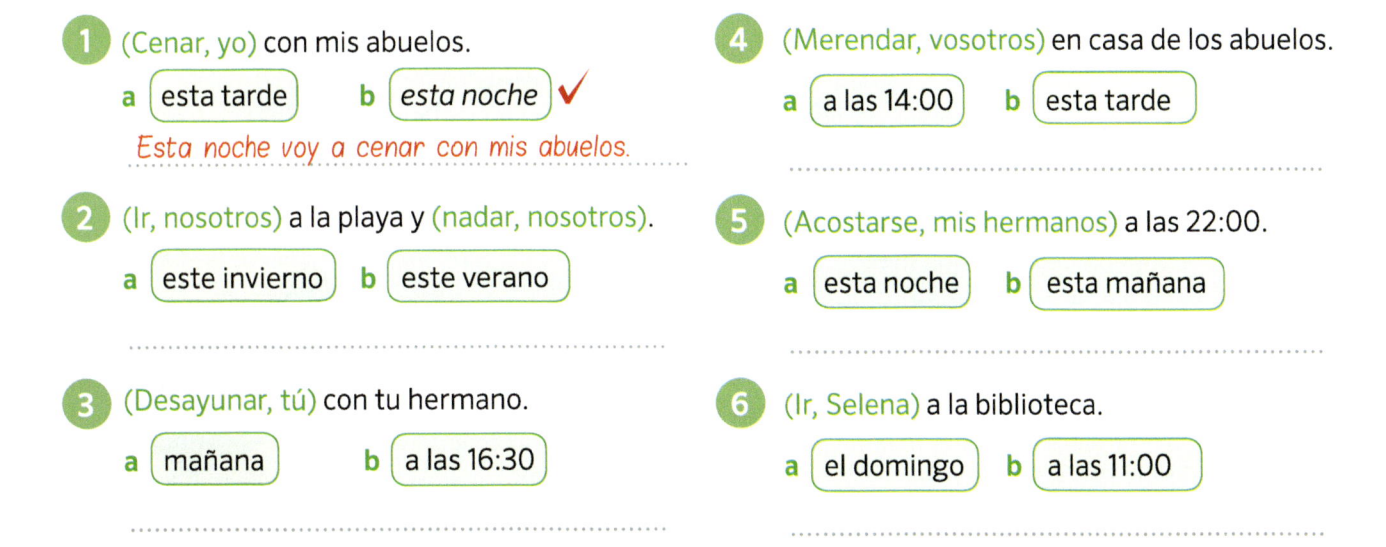

1 (Cenar, yo) con mis abuelos.
a esta tarde   b *esta noche* ✓
Esta noche voy a cenar con mis abuelos.

2 (Ir, nosotros) a la playa y (nadar, nosotros).
a este invierno   b este verano

3 (Desayunar, tú) con tu hermano.
a mañana   b a las 16:30

4 (Merendar, vosotros) en casa de los abuelos.
a a las 14:00   b esta tarde

5 (Acostarse, mis hermanos) a las 22:00.
a esta noche   b esta mañana

6 (Ir, Selena) a la biblioteca.
a el domingo   b a las 11:00

Vivir en sociedad

Adolescentes y consumo

1 Infórmate sobre cómo reciben dinero los adolescentes españoles.

«¡Mamá, papá, quiero mi paga!»

Esta es una de las frases favoritas de los adolescentes españoles.

Según una encuesta realizada a 2 000 adolescentes de toda España, los jóvenes de entre 12 y 16 años reciben 40 € de paga por mes.

Hay padres que dan dinero a sus hijos cuando necesitan comprar algo específico; otros padres dan dinero de forma regular y otros, por colaborar en casa.

A veces, los adolescentes reciben dinero de los abuelos, en Navidades y el día de su cumpleaños.

Con este dinero, los adolescentes compran ropa, comida rápida, móviles, videojuegos, golosinas, refrescos, bisutería, revistas...

Por otro lado, el objetivo de la paga es terminar con las necesidades de los hijos y acostumbrar a los adolescentes a administrar el dinero.

2 Pregunta a tus compañeros sobre su paga. Usa estos interrogativos, como en el modelo.

¿Qué? ¿Quién? ¿Cuál es? ¿Cuántos? ¿Cuándo?

Y tú, ¿qué vas a comprar?

Yo con mi paga voy a comprar un dron.

3 Haz un póster con las cosas que te gusta comprar con tu paga mensual (del mes). Escribe el precio de cada objeto.

(Si la moneda de tu país no es el euro (€), la conviertes con la ayuda de tu profesor)

ÁREA de Educación Plástica y Visual

Objetos y materiales

1 **Lee la definición y clasifica los materiales en el lugar adecuado.**

Los **materiales** son los elementos utilizados para fabricar objetos.

Estos materiales pueden ser naturales o artificiales.

•**Naturales:** se extraen de la naturaleza. El hombre no los ha transformado.

•**Artificiales:** el hombre los ha fabricado.

Para fabricar algunos objetos se pueden utilizar diferentes materiales.

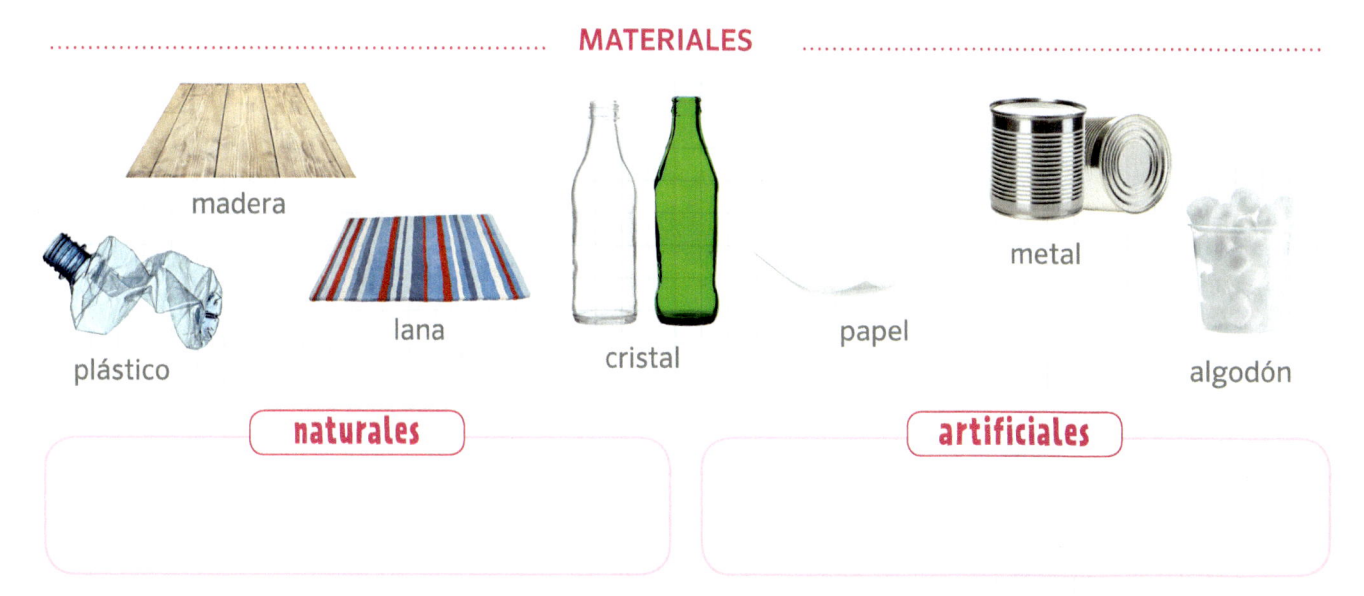

MATERIALES

madera

lana

cristal

papel

metal

algodón

plástico

naturales

artificiales

2 **Ahora, indica de qué material o materiales están hechos estos objetos.**

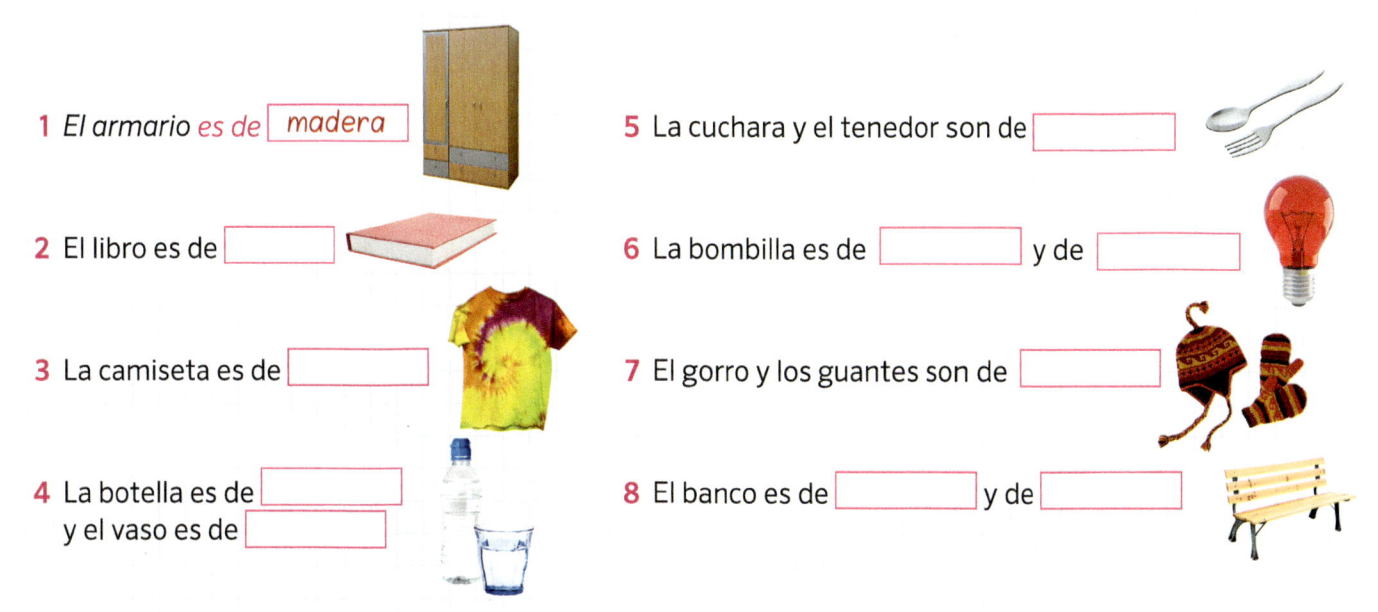

1 *El armario es de* madera

2 El libro es de ☐

3 La camiseta es de ☐

4 La botella es de ☐ y el vaso es de ☐

5 La cuchara y el tenedor son de ☐

6 La bombilla es de ☐ y de ☐

7 El gorro y los guantes son de ☐

8 El banco es de ☐ y de ☐

3 **Di el nombre de un objeto del aula o de tu casa e indica de qué está hecho.**

MAGACÍN

DESTINO DE VACACIONES

1 Lee qué explica Inés sobre sus vacaciones.

¡Es viernes y son las vacaciones de verano! Mi familia y yo vamos a ir de vacaciones a Tenerife, a casa de mis abuelos. Viven en La Laguna, una ciudad con una famosa universidad, por eso hay muchos estudiantes. En las calles del centro siempre hay mucha gente. Esta ciudad también tiene edificios históricos antiguos y es Patrimonio de la Humanidad por la Unesco.

Tenerife es una isla en el océano Atlántico, a 1000 km de la península ibérica y a 300 km de África. Tiene tres zonas turísticas. En el sur hay playas magníficas para hacer surf. En el norte está el valle de la Orotava con muchos jardines. Cerca del valle de la Orotava está el parque nacional del Teide, que es Patrimonio de la Humanidad. Allí vamos a visitar el Teide, un volcán que mide 3718 metros y es el pico más alto de España y vamos a montar en camello.

También en el norte está el Loro Parque (en el Puerto de la Cruz) un zoológico con delfines, pingüinos, loros y muchos animales más.

La capital de Tenerife es Santa Cruz de Tenerife, una ciudad famosa por su carnaval.

Tenerife
Islas Canarias
GUÍA TURÍSTICA

DELFINARIO

ISLAS CANARIAS TENERIFE

2 Ahora, contesta las preguntas.

1 ¿Dónde va Inés de vacaciones?

2 ¿Dónde viven sus abuelos? Indica dónde está en el mapa.

3 ¿Dónde está Tenerife?

4 ¿Qué es Santa Cruz de Tenerife?

5 ¿Qué es el Teide?

¡VAS CON INÉS A TENERIFE!

3 Observa este folleto sobre Tenerife y prepara un plan de vacaciones de tres días con tu compañero.

PLAZA DE ESPAÑA

tomar el sol | ver plantas gigantes | conocer los planetas | pasear | montar en camello

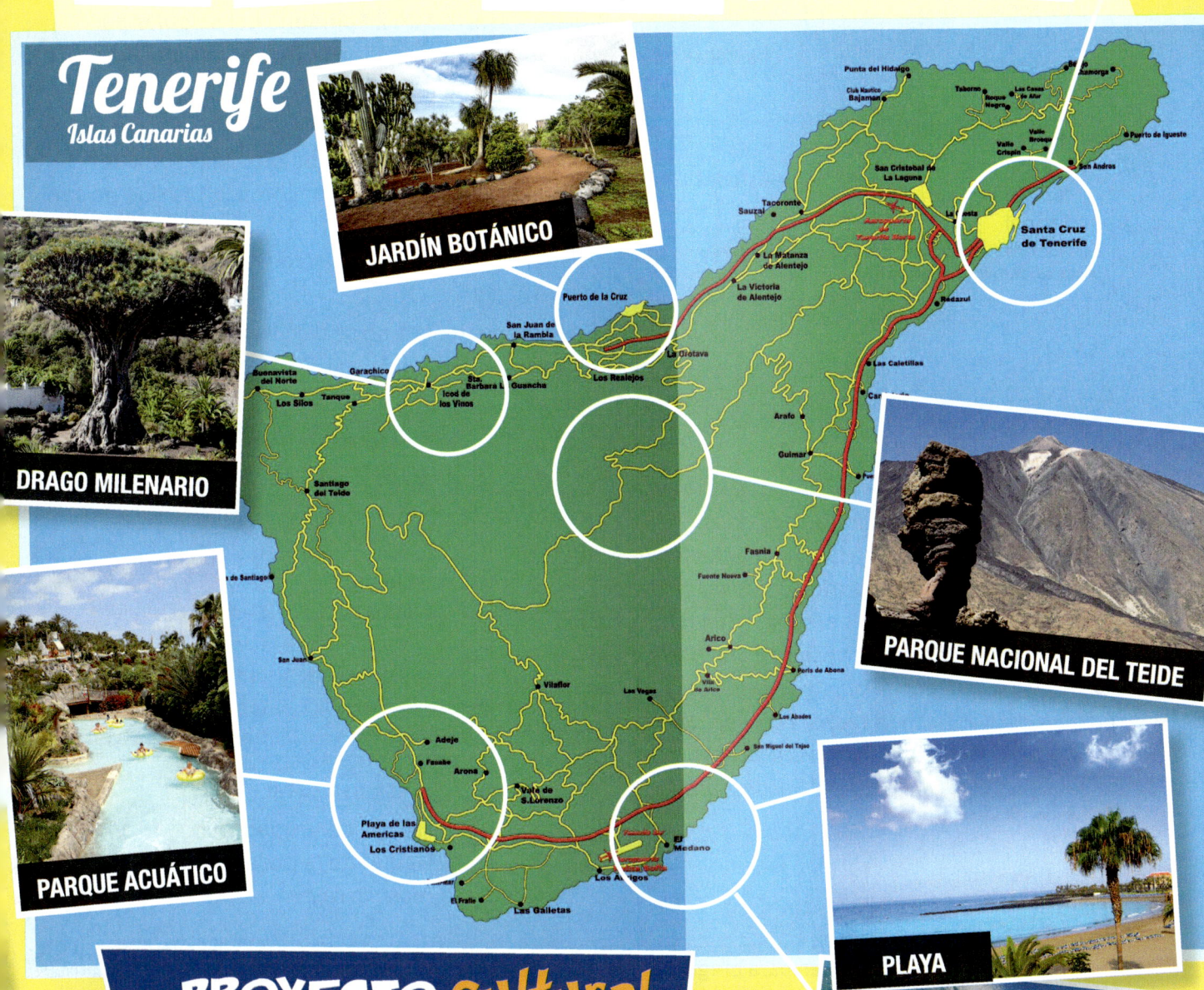

Tenerife
Islas Canarias

JARDÍN BOTÁNICO

DRAGO MILENARIO

PARQUE NACIONAL DEL TEIDE

PARQUE ACUÁTICO

PLAYA

PROYECTO cultural

Un amigo español te visita en vacaciones.
Haz un cartel y habla de tus planes.

◆ Dibuja el mapa de tu país/región.
◆ Indica cuatro lugares interesantes que vais a visitar y añade fotos o ilustraciones.
◆ Escribe las actividades que vais a hacer.
◆ Presenta tu plan en clase.

SURF

Resumen de gramática

Los pronombres personales (pág. 13)

	singular	plural
1.ª persona	yo	nosotros/as
2.ª persona	tú	vosotros/as
3.ª persona masculino y femenino. Informal	él/ella	ellos/ellas
3.ª persona masculino o femenino. Formal	usted	ustedes

Esta forma se utiliza para referirnos a la persona tú *o* vosotros, *pero formalmente.*

▶ En español, el pronombre personal no es necesario, pero sí se usa en estos casos:
  - ◆ Para preguntar: *Me llamo Pilar, ¿y tú?*
  - ◆ Después de *y*: *Raquel y yo somos hermanas.*

▶ Usas *tú* + verbo en 2.ª persona del singular para hablar con un amigo, un compañero de clase, o una persona de tu familia:
  David, ¿tienes un lápiz?; Hola, mamá, ¿qué haces?

▶ Usas *usted/ustedes* + verbo en 3.ª persona del singular/plural para hablar con adultos que no son de tu familia:
  ¿Usted es entrenador?; ¿Ustedes son los profesores del instituto?

▶ En Hispanoamérica no se dice *vosotros/as*, se dice *ustedes*.

El verbo *ser* (pág. 13)

ser
soy
eres
es
somos
sois
son

Ser **se usa para:**

▶ Presentarse: *Soy Carlos.*
▶ Hablar de la nacionalidad: *¿Eres italiano?*
▶ Decir la profesión: *Soy entrenador.*
▶ Describir personas: *Son altos y rubios.*
▶ Indicar posesión: *Es mi ordenador.*
▶ Decir el día de la semana: *Es lunes.*
▶ Decir la fecha: *Hoy es 5 de octubre.*
▶ Preguntar y decir la hora:
  ¿Qué hora es? Son las 15:00.

Los verbos *llamarse, tener y vivir* (pág. 13)

llamarse	tener	vivir
me llamo	tengo	vivo
te llamas	tienes	vives
se llama	tiene	vive
nos llamamos	tenemos	vivimos
os llamáis	tenéis	vivís
se llaman	tienen	viven

Tener **se usa para:**

▶ Hablar de la edad: *Tengo 13 años.*
▶ Hablar de la posesión: *Ella tiene una mochila roja.*

Los interrogativos (pág. 15)

¿Quién? ¿Quiénes?	Se usan para preguntar por personas: *¿Quién es él? ¿Quiénes sois vosotros?*
¿Cuál? ¿Cuáles?	Se usan para preguntar por algo específico: *¿Cuál es tu color favorito? ¿Cuáles son tus apellidos?*
¿De dónde?	Se usa para preguntar por el origen o la nacionalidad: *¿De dónde eres?*
¿Dónde?	Se usa para preguntar por el lugar de estudio o por la dirección: *¿Dónde estudias? ¿Dónde vives?*
¿Cuántos?	Se usa para preguntar por los años: *¿Cuántos años tienes?*
¿Qué?	Se usa para saludar y para preguntar por cosas: *¿Qué tal? ¿Qué es?*

La nacionalidad: género y número (pág. 27)

adjetivos de nacionalidad			
singular		**plural**	
masculino	**femenino**	**masculino**	**femenino**
consonante: *español*	+a: *española*	-es: *españoles*	-as: *españolas*
-o: *italiano*	-a: *italiana*	-os: *italianos*	-as: *italianas*
-e: *canadiense*		+s: *canadienses*	
-a: *belga*		+s: *belgas*	
-í: *marroquí*		+es: *marroquíes*	

El artículo determinado e indeterminado (pág. 29)

	masculino		**femenino**	
	determinado	**indeterminado**	**determinado**	**indeterminado**
singular	el	un	la	una
plural	los	unos	las	unas

El **artículo determinado** (el, la, los, las) se usa para hablar de algo o alguien que se conoce.

▶ Delante de nombres: *El profesor de Matemáticas está en la clase.*

▶ Con las horas y los días de la semana: *Son las 15:00. El viernes no tenemos clase por la tarde.*

▶ Con el verbo *estar*: *Allí está el instituto.*

El **artículo indeterminado** (un, una, unos, unas) se usa para hablar por primera vez de algo o alguien que no se conoce: *Tengo una guitarra nueva.*

▶ Con *hay*: *Hay un estudiante nuevo en clase.*

El nombre: género y número (págs. 29 y 43)

masculino	**femenino**	**masculino**	**femenino**
singular		**plural**	
-o: *amigo*	-a: *amiga*	+s: *amigos/as*	
consonante: *entrenador*	+a: *entrenadora*	+es: *entrenadores*	+s: *entrenadoras*
-ión: *habitación*		-iones: *habitaciones*	
-e: *estudiante*		+s: *estudiantes*	
-z: *lápiz*		-ces: *lápices*	

Son masculinos

▶ Muchos nombres que terminan en -o: *el colegio, el bolígrafo.*

▶ Los nombres de personas o animales de sexo masculino: *el padre, el gato.*

▶ Los números: *el uno, el dos...*

▶ Los días de la semana: *el lunes, el martes...*

Son femeninos

▶ Muchos nombres que terminan en -a: *la biblioteca, la mochila.*

▶ Los nombres de personas o animales de sexo femenino: *la madre, la gata.*

▶ Los nombres terminados en -ad: *la ciudad.*

▶ Los nombres terminados en -ción: *la canción, la habitación.*

▶ Los nombres de las letras: *la be, la ce...*

Resumen de gramática

El presente: verbos regulares
(pág. 41)

hablar	leer	escribir
hablo	leo	escribo
hablas	lees	escribes
habla	lee	escribe
hablamos	leemos	escribimos
habláis	leéis	escribís
hablan	leen	escriben

En español hay tres conjugaciones: -ar, -er, -ir.

El presente se usa para:

▶ Hablar de acciones habituales:
Los domingos como en casa de mis abuelos.

▶ Describir: *María es simpática. La ciudad es grande.*

Los verbos *ver, hacer y estar*
(págs. 41 y 43)

ver	hacer	estar
veo	hago	estoy
ves	haces	estás
ve	hace	está
vemos	hacemos	estamos
veis	hacéis	estáis
ven	hacen	están

El verbo *estar* se usa para:

▶ Situar algo en el espacio:
El instituto está cerca de mi casa.
María está aquí.

Expresiones de lugar (pág. 42)

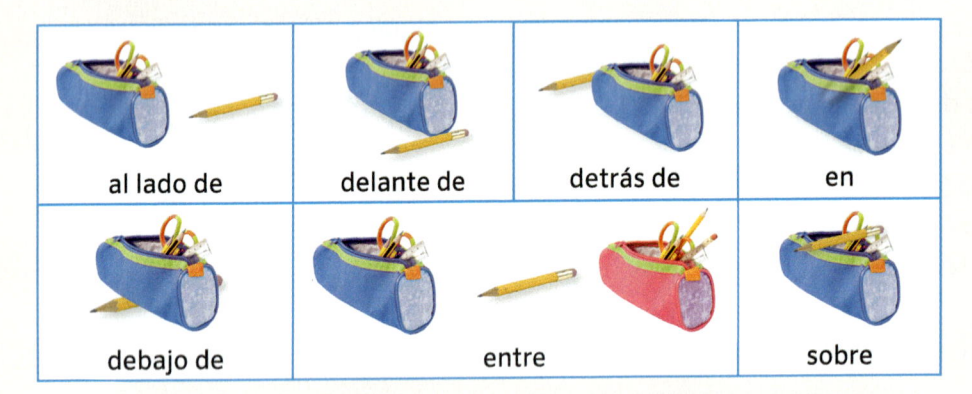

al lado de	delante de	detrás de	en

debajo de	entre	sobre

Los verbos reflexivos: *levantarse, ducharse*
(pág. 55)

SUJETO	pronombre reflexivo	levantarse	acostarse o → ue	vestirse e → i
yo	me	levanto	acuesto	visto
tú	te	levantas	acuestas	vistes
Ud., él, ella	se	levanta	acuesta	viste
nosotros/as	nos	levantamos	acostamos	vestimos
vosotros/as	os	levantáis	acostáis	vestís
Uds., ellos/as	se	levantan	acuestan	visten

▶ Los pronombres (me, te, se, nos, os, se) van delante del verbo: *Me levanto a las 7:30.*

▶ Las formas *nosotros/as* y *vosotros/as* son regulares.

El verbo *ir*
(pág. 55)

ir
voy
vas
va
vamos
vais
van

Ir + preposición

▶ +a, indica dirección: *Voy a casa de Alberto.*

▶ +en, indica transporte: *Voy al instituto en bicicleta.*

Los posesivos (pág. 55)

	singular		plural	
	masculino	femenino	masculino	femenino
yo	mi		mis	
tú	tu		tus	
Ud., él, ella	su		sus	
nosotros/as	nuestro	nuestra	nuestros	nuestras
vosotros/as	vuestro	vuestra	vuestros	vuestras
Uds., ellos/as	su		sus	

▶ Indican posesión: *Mi guitarra es nueva.*

▶ Indican relación familiar: *Enrique es mi hermano.*

Los verbos *merendar* y *volver* (pág. 55)

merendar e → ie	volver o → ue
meriendo	vuelvo
meriendas	vuelves
merienda	vuelve
merendamos	volvemos
merendáis	volvéis
meriendan	vuelven

El verbo *gustar* (pág. 57)

A mí	me	gusta	el deporte ir a patinar
A ti	te		
A Ud., él, ella	le		
A nosotros/as	nos	gustan	los helados los animales
A vosotros/as	os		
A Uds., ellos/as	les		

▶ Se utiliza para expresar los gustos:
Me gusta la música.

▶ En frases negativas, *no* va delante.
No me gusta levantarme temprano.

El adjetivo: género y número (pág. 69)

adjetivos			
singular		plural	
masculino	femenino	masculino	femenino
-o: *alto*	-a: *alta*	+s: *altos*	+s: *altas*
consonante: *azul*		+es: *azules*	
-e: *verde*		+s: *verdes*	

Los adjetivos concuerdan con el nombre y se utilizan para:

▶ Describir personas: *Raquel es alta y morena.*

▶ Describir una cosa o lugar: *La mochila es verde. La ciudad es grande.*

El pretérito perfecto simple: verbos regulares e irregulares (pág. 71)

desayun**ar**	corr**er**	sal**ir**
desayun**é**	corr**í**	sal**í**
desayun**aste**	corr**iste**	sal**iste**
desayun**ó**	corr**ió**	sal**ió**
desayun**amos**	corr**imos**	sal**imos**
desayun**asteis**	corr**isteis**	sal**isteis**
desayun**aron**	corr**ieron**	sal**ieron**

ver	hacer	ir
vi	hice	fui
viste	hiciste	fuiste
vio	hizo	fue
vimos	hicimos	fuimos
visteis	hicisteis	fuisteis
vieron	hicieron	fueron

▶ Se usa para hablar de actividades pasadas:
El domingo fui al parque con mi perro.

Hay/Está(n) (págs. 82 y 83)

hay	estar
▶ + un/una/unos/unas + nombre: *Hay un cuaderno sobre la cama.* ▶ + nombre plural: *Hay alumnos en la biblioteca.* ▶ + número + nombre plural: *Hay tres lápices en el estuche.*	▶ el/la/los/las + nombre + está(n): *Los libros están en la biblioteca.* ▶ persona(s) + están (n): *Roberto está en el parque.* ▶ posesivo mi/s, tu/s, su/s, nuestro/a/s, vuestro/a/s, su/s + nombre + está(n): *Mi hermano está en casa.*

▶ *Hay* indica existencia: *Hay un libro sobre mi mesa.*

▶ *Estar* indica lugar: *Estoy en casa.*

Los demostrativos y los adverbios de lugar (pág. 83)

demostrativos				
	singular		plural	
	masculino	femenino	masculino	femenino
cerca	este	esta	estos	estas
lejos	ese	esa	esos	esas
muy lejos	aquel	aquella	aquellos	aquellas

▶ Indican la distancia que hay entre la persona que habla y el objeto al que se refiere.

adverbios de lugar		
cerca ▼	lejos ▶	muy lejos ▶▶
aquí	ahí	allí

▶ Indican el lugar respecto al hablante.

La frase interrogativa (pág. 19)

Las frases interrogativas tienen la misma estructura que las frases afirmativas y llevan ¿ al comienzo y ? al final. *¿Tu cumpleaños es el 10 de enero?* Pueden ir:

▶ Sin palabra interrogativa: *¿Eres de Málaga?*
▶ Con palabra interrogativa: *¿Quién, quiénes? ¿Cuál, cuáles? ¿De dónde? ¿Dónde? ¿Cuántos? ¿Cuándo? ¿Qué? ¿Cuántos años tienes? ¿De dónde eres?*

La frase negativa (pág. 41)

Para construir frases negativas ponemos *no* delante del verbo: *Yo no soy español.*

▶ Si el verbo tiene un pronombre, *no* va delante del pronombre: *Ella no se acuesta a las 10:00.*
▶ Si el verbo va en pretérito perfecto, *no* va delante del verbo *haber*: *Hoy no he comido en el instituto.*
▶ Con el verbo *gustar*, *no* va delante: *No me gusta levantarme temprano.*

Los números hasta 100 (págs. 6 y 68)

0 cero	6 seis	12 doce	18 dieciocho	31 treinta y uno	80 ochenta
1 uno	7 siete	13 trece	19 diecinueve	32 treinta y dos	90 noventa
2 dos	8 ocho	14 catorce	20 veinte	40 cuarenta	100 cien
3 tres	9 nueve	15 quince	21 veintiuno	50 cincuenta	
4 cuatro	10 diez	16 dieciséis	22 veintidós	60 sesenta	
5 cinco	11 once	17 diecisiete	30 treinta	70 setenta	

▶ Uno + nombre masculino → un: *Tengo un libro de superhéroes.*
▶ Desde el *veinte* hasta el *veintinueve* se escriben en una sola palabra y con una *i*: *veintisiete, veintiocho, veintinueve.*

▶ Del *treinta y uno* en adelante se escriben siempre en dos palabras, excepto: 20, 30, 40, 50, 60, 70, 80 y 90.

Cuaderno de ejercicios

nivel 1

María Ángeles Palomino

Índice

0

Esto es español

1 Separa las palabras y escribe las mayúsculas necesarias. Luego, une con flechas las frases y las situaciones.

1. soynatalia. ....

2. ¡hola!buenastardes. ....

3. ¡hastaluego! ....

4. ¡hola!buenosdías. ....

5. ¡hola!¿quétal? ....

a. Despedirse

b. Presentarse

c. Saludar

2 Lee el deletreo y escribe las palabras.

1. eme, a, erre, i, cu, u, i, te, a
2. ene, u, e, zeta
3. ge, a, ele, ele, e, te, a
4. erre, e, ge, a, ele, o

5. pe, i, eñe, a
6. efe, u, te, be, o, ele, i, ese, te, a
7. erre, e, ele, o, jota
8. ge, u, i, te, a, erre, erre, a

1. _ _ _ _ _ _ _ _ _ 2. _ _ _ _ _ 3. _ _ _ _ _ _ _ _ 4. _ _ _ _ _ _

5. _ _ _ _ _ 6. _ _ _ _ _ _ _ _ _ 7. _ _ _ _ _ 8. _ _ _ _ _ _

3 Separa y escribe los números en cifras.

nuevecincounotressietedosseisdiezcuatroochodiezcero

a. 9

b. ....

c. ....

d. ....

e. ....

f. ....

g. ....

h. ....

i. ....

j. ....

k. ....

l. ....

4 Escribe las tildes necesarias en los nombres de estas ciudades españolas. (Observa la última letra).

Santander

Burgos

Lerida

Salamanca

Madrid

Castellon

Toledo

Caceres

Alicante

Badajoz Merida

Cordoba

Malaga

Cadiz

CANARIAS

5 Ahora, clasifica los nombres de las ciudades anteriores.

La sílaba fuerte es la última. XXX	La sílaba fuerte es la penúltima. XXX	La sílaba fuerte es la antepenúltima. XXX

¿Cómo te llamas?

Lección 1

1 Ordena los nombres de los días de la semana.

sábado	1 ....
miércoles	2 ....
lunes	3 ....
domingo	4 ....
jueves	5 ....
martes	6 ....
viernes	7 ....

2 Escribe los números en letras en el crucigrama.

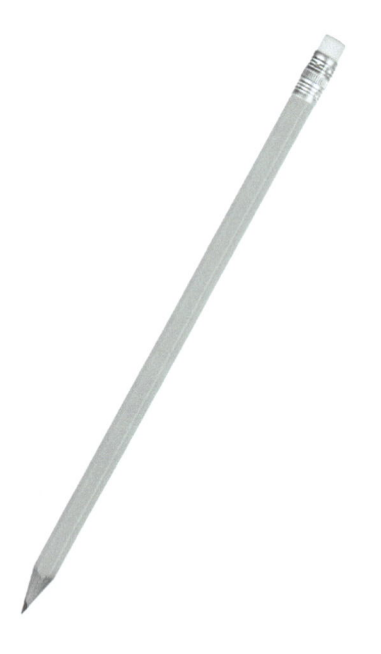

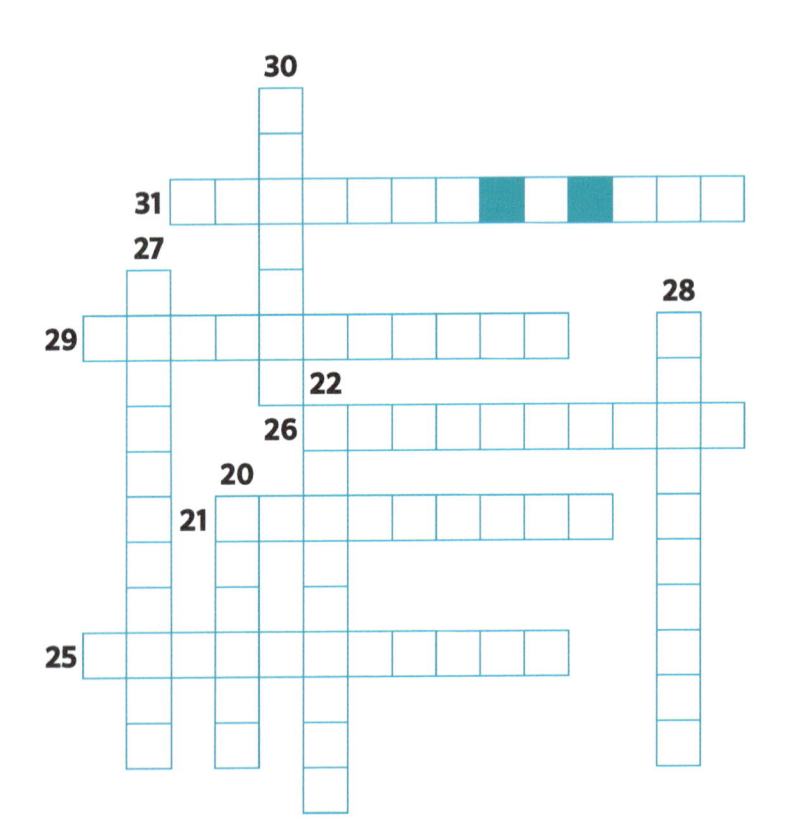

3 Calcula. Escribe los resultados con letras.

1. 7 + 3 = ...
2. 3 x 5 = ...
3. 2 x 10 = ...
4. 17 – 4 = ...
5. 10 + 4 + 3 = ...
6. 8 + 6 = ...
7. 15 + 4 = ...
8. 20 – 4 = ...
9. 2 x 6 = ...
10. 20 + 2 = ...

Lección 2

4 Ordena la conversación.

☐ ¿Tus apellidos?

☐ Y vosotros, ¿quiénes sois?

1 ¡Hola, chicos, buenas tardes! Soy la entrenadora, me llamo Carmen Medina Toledo. Y tú, ¿cómo te llamas?

☐ Y tú eres...

☐ Moreno Casas.

☐ Me llamo María.

☐ Yo soy Lucas Rubio Palacios y él es Marcos López Ruiz.

5 Rodea las formas del verbo *ser* y escribe los pronombres personales como en el modelo.

holasoisapellidoeresamigoyosoyentrenadorasomoschicosonnombrees

vosotros/as

6 Escribe los verbos en presente en el crucigrama.

1. tener, él
2. tener, ustedes
3. ser, nosotros
4. vivir, ella
5. vivir, ellos
6. llamarse, nosotros
7. llamarse, ellas
8. tener, nosotros
9. tener, tú
10. ser, tú
11. llamarse, yo
12. vivir, tú
13. vivir, nosotros
14. vivir, yo
15. ser, yo
16. tener, yo

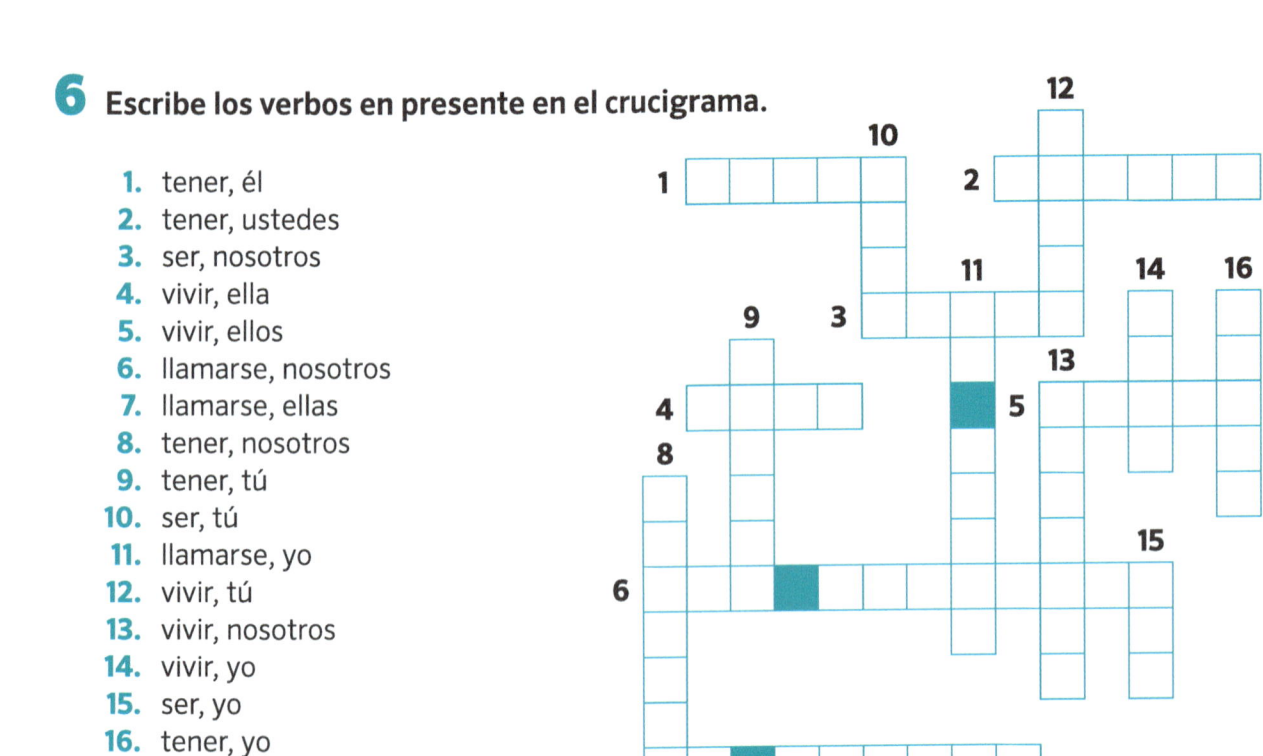

Lección 3

7 Ordena las palabras.

1. fútbol/la/Dónde/¿/vive/de/entrenadora/? ....
2. el/se/¿/Cómo/profesor/?/llama ....
3. el/Quién/¿/es/?/chico ....
4. tu/favorito/¿/Cuál/es/número/? ....
5. ¿/tiene/años/¿/Cuántos/Víctor ....
6. chicas/son/¿/Quiénes/?/las ....
7. José/son/¿/apellidos/Cuáles/los/?/de ....

8 Escribe las preguntas correspondientes.

1. .... Son dos amigos de José.
2. .... Mis apellidos son Martín Alonso.
3. .... Vivimos en Madrid.
4. .... El chico se llama Pedro.
5. .... Lucía tiene doce años.
6. .... Mi día favorito es el domingo.

¿De dónde eres?

Lección 4

1 Rodea los nombres de 14 países.

F	P	G	R	E	C	I	A	S	A	T	M	O
R	C	L	E	R	T	Y	U	I	U	A	É	R
A	A	L	E	M	A	N	I	A	S	I	X	A
N	N	I	M	F	G	H	J	K	T	T	I	B
C	A	S	N	D	S	C	A	C	R	A	C	R
I	D	O	P	O	R	T	U	G	A	L	O	A
A	Á	E	F	T	H	J	L	Ñ	L	I	Q	S
A	R	G	E	N	T	I	N	A	I	A	P	I
I	N	G	L	A	T	E	R	R	A	T	Y	L
E	S	T	A	D	O	S	U	N	I	D	O	S
P	U	J	A	P	Ó	N	R	F	V	G	S	O
G	M	A	R	R	U	E	C	O	S	F	M	P

2 Escribe el nombre de los continentes en el mapa.

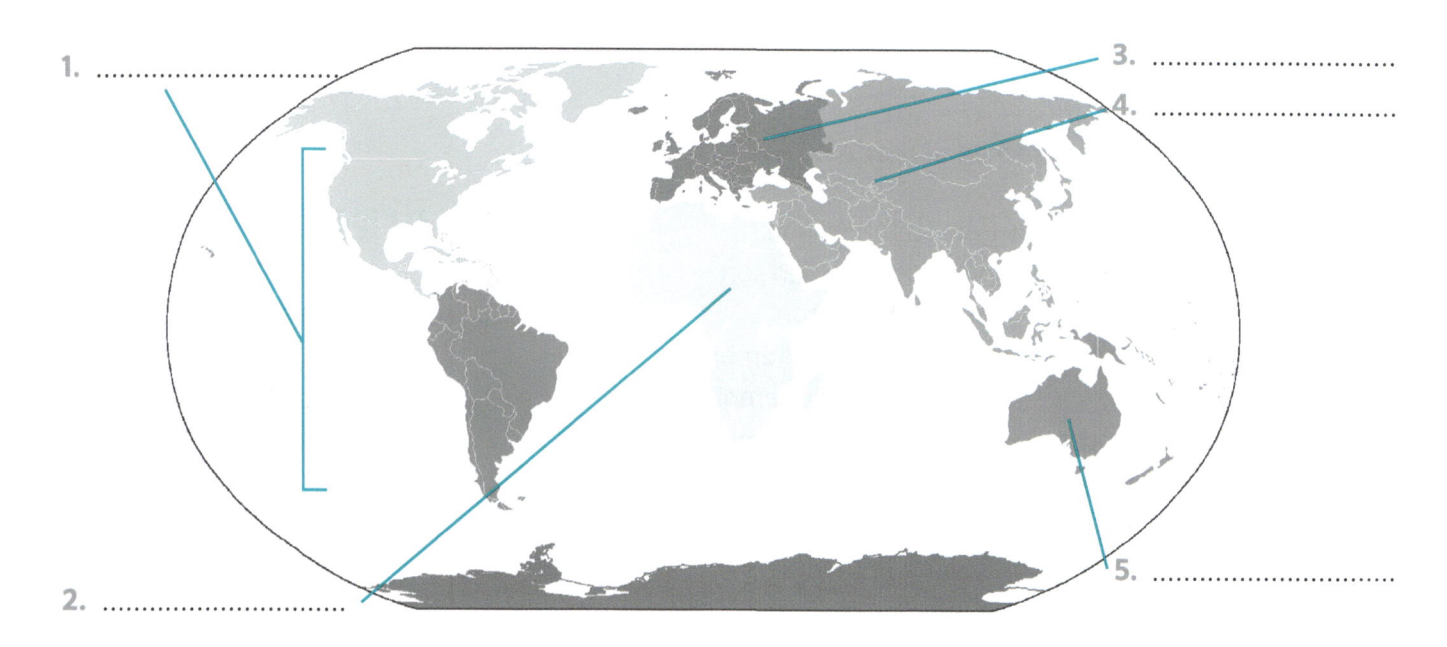

1. ....
2. ....
3. ....
4. ....
5. ....

3 Completa los nombres de los meses con las consonantes que faltan.

1. e__e__o
2. __e__ __e__o
3. __a__ __o
4. a__ __i__

5. __a__o
6. __u__io
7. __u__io
8. a__o__ __o

9. __e__ __ie__ __ __e
10. o__ __u__ __e
11. __o__ie__ __ __e
12. __i__ie__ __ __e

Lección 5

4 Relaciona las dos partes de cada nacionalidad en masculino o femenino. Luego, escribe el masculino o femenino de cada una, como en el modelo.

1. alema-
2. argen-
3. aus-
4. brasi-
5. cana-
6. estadouni-
7. fran-
8. grie-
9. ingle-
10. ita-
11. japo-
12. marro-
13. mexi-
14. portu-
15. ru-

a. -cana
b. -cés
c. -dense
d. -diense
e. -ga
f. -guesa
g. -leña
h. -liano
i. -traliano
j. -na
k. -nés
l. -quí
m. -sa
n. -so
ñ. -tina

1. **alemán**
2. ....
3. ....
4. ....
5. ....
6. ....
7. ....
8. ....
9. ....
10. ....
11. ....
12. ....
13. ....
14. ....
15. ....

5 Completa las frases como en el modelo.

1. Karl es alemán. David y Peter también son
2. Alberto es español. Julio y Rafael también son
3. John es inglés. Jack y Robert también son
4. Hélène es canadiense. Céline y Christine también son
5. Mario es portugués. Adriano y Benedito también son
6. Nathalie es francesa. Sophie y Caroline también son
7. Marco es italiano. Carlo y Bruno también son
8. Irina es rusa. Tiana y Olenka también son
9. Yoshima es japonés. Koji y Takumi también son
10. Alison es estadounidense. Kate y Pamela también son

alemanes

....
....
....
....
....
....
....
....
....

Lección 6

6 **Observa y clasifica estas palabras.**

nacionalidad • mapa • equipo • mundo • información • instituto • nombre • martes • fecha • foto
profesor • conversación • compañera • consonante • ciudad • día • amiga • primavera • edad
compañera • doce • treinta • semana • lección • bandera • apellido • miércoles • sociedad

masculinas	femeninas

7 **Ahora, escribe las palabras anteriores y completa con el artículo** *(el, la/un, una).*

1. ....
2. ....
3. ....
4. ....
5. ....
6. ....
7. ....

8. ....
9. ....
10. ....
11. ....
12. ....
13. ....
14. ....

15. ....
16. ....
17. ....
18. ....
19. ....
20. ....
21. ....

22. ....
23. ....
24. ....
25. ....
26. ....
27. ....
28. ....

8 **Escribe estas fechas como en el modelo.**

1. 16/06   **dieciséis de junio**
2. 19/04   ....
3. 09/09   ....
4. 22/07   ....
5. 30/03   ....
6. 21/01   ....
7. 15/10   ....
8. 13/12   ....
9. 31/08   ....
10. 28/02   ....
11. 21/11   ....
12. 29/05   ....

¿Qué estudias?

Lección 7

1 **a** Escribe las vocales.

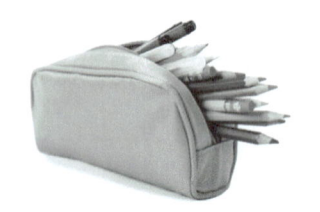   

1. __st__ch__   2. g__m__   3. r__gl__   4. t__j__r__s

5. s__c__p__nt__s   6. c____d__rn__   7. b__l__gr__f__   8. c__lc__l__d__r__

9. r__t__l__d__r   10. l__p__z   11. l__br__   12. m__ch__l__

b Ahora, clasifica las palabras en la tabla.

el	la	las

2 Rodea el nombre de las asignaturas. Une con flechas los nombres y las imágenes.

tecnologíalenguayliteraturamatemáticas(inglés)francéscienciassociales
cienciasdelanaturalezaeducaciónfísicamúsicaeducaciónplásticayvisual

Lección 8

3 Escribe las formas en el crucigrama.

1. leer, él
2. explicar, tú
3. aprender, vosotros
4. describir, nosotros
5. ver, yo
6. conjugar, ellos
7. dibujar, tú
8. buscar, vosotros
9. hacer, yo
10. escribir, tú
11. aprender, nosotros
12. escuchar, ellos
13. responder, yo
14. ver, ellos
15. dibujar, yo
16. buscar, ella
17. escribir, yo
18. conjugar, nosotros
19. hacer, él
20. leer, tú
21. aprender, yo
22. hacer, ellos

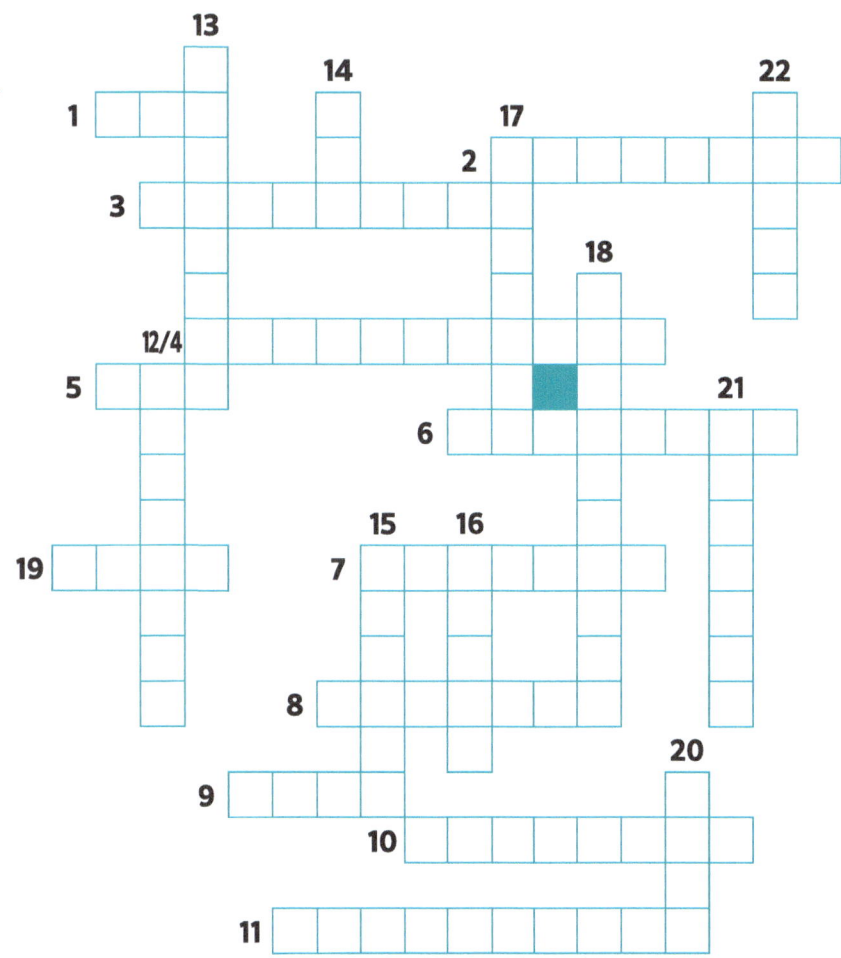

4. Relaciona las formas verbales con los pronombres personales.

1. hablas
2. explican
3. escucháis
4. respondéis
5. veis
6. dibujo
7. escribes
8. lee
9. aprende
10. hablan

a. yo
b. tú
c. Ud., él, ella
d. nosotros/as
e. vosotros/as
f. Uds., ellos/as

11. hacen
12. ven
13. buscamos
14. escribimos
15. hago
16. estudiáis
17. haces
18. escuchas
19. estudio

5. Escribe las frases en la forma negativa.

1. Respondo a mi compañero. ....
2. Hoy estudias Matemáticas. ....
3. Escribís frases en la pizarra. ....
4. Buscamos información en Internet. ....
5. Dibujamos mapas. ....
6. Estudiamos con tabletas. ....
7. Veo un vídeo. ....
8. Hoy haces un ejercicio de vocabulario. ....
9. Beatriz aprende la lección. ....
10. Hablo inglés. ....

Lección 9

6. Escribe los pronombres personales.

1. está ....
2. estáis ....
3. estoy ....
4. están ....
5. estás ....
6. estamos ....

7 Relaciona como en el modelo.

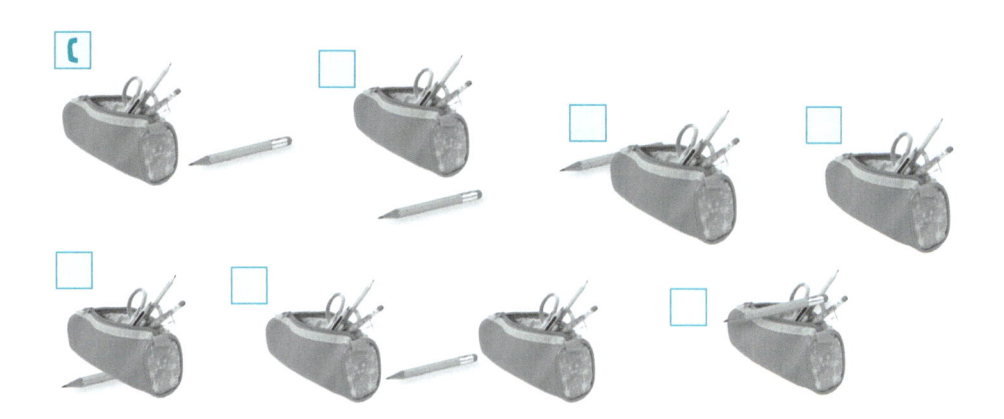

C ☐ ☐ ☐
☐ ☐ ☐ ☐

El lápiz está...

- **a.** en el estuche
- **b.** sobre el estuche
- **c.** al lado del estuche ✓
- **d.** entre los estuches
- **e.** detrás del estuche
- **f.** debajo del estuche
- **g.** delante del estuche

8 Escribe los plurales en la tabla.

actividad • explicación • año • rotulador • bandera • conversación • nombre • compañero
país • día • semana • información • frase • edad • móvil • apellido • número • palabra
nacionalidad • equipo • ordenador • lección • camiseta • lápiz • amigo • comunidad

singular + -s	singular + -es	-ión > -iones	-z > -ces

9 Escribe las horas.

1. .... 2. .... 3. .... 4. .... 5. ....

6. .... 7. .... 8. .... 9. .... 10. ....

¿Cómo es tu familia?

Lección 10

1 ¿Quién es? Completa las frases.

1. El padre de mi padre es mi ....
2. La hermana de mi madre es mi ....
3. El hermano de mi prima es mi ....
4. El hermano de mi padre es mi ....
5. La madre del hermano de mi madre es mi ....
6. La prima de mi hermano es mi ....

2 Separa los verbos y las expresiones.

desayunarhacerlosdeberesacostarseducharsecomerlevantarsepeinarsevestirsedelatinarverlatelemerendar

verbos
desayunar

expresiones
hacer los deberes

Lección 11

3 **Completa la presentación de Manuel con estos verbos en presente.**

comer (yo) • desayunar (nosotros) • levantarse (yo) • cenar (nosotros)
merendar (yo) • ducharse (yo) • ir (ella) • volver (yo) • ver (nosotros)
acostarse (ella) • vestirse (yo) • ir (nosotros) • llegar (nosotros) • hacer (yo)

Me llamo Manuel y vivo en Salamanca, tengo una
hermana, Nuria. Todos los días ....
a las 7.00, ... y ....
Mi hermana y yo .... con nuestra
madre. Luego .... los dos al
instituto. Bueno, mi hermana ....
al colegio y yo al instituto. ....
a las 8:15. A las 14:00 .... con
mis compañeros. A las 17:00 ....
a casa, ... y ....
los deberes. .... a las 21:00 con
nuestros padres y .... la tele. Mi
hermana .... a las 22:15 y yo me
acuesto a las 22:30.

4 **Conjuga los verbos en presente y termina las frases.**

1. Ir (vosotros) ....   a. a casa para comer con su madre.

2. Hacer (tú) ....   b. a las 14:15.

3. Comer (yo) ....   c. cereales.

4. Ver (ellos) ....   d. con mis padres a las 21:00.

5. Acostarse (vosotros) ....   e. al instituto en bici.

6. Llegar (nosotros) ....   f. al instituto a las 8:15.

7. Todas las mañanas desayunar (yo) ....   g. la tele.

8. Levantarse (Pedro) ....   h. los deberes.

9. Por la noche cenar (yo) ....   i. a las 21:45.

10. A las 13:30 Nuria (volver) ....   j. a las 7:30.

5 Localiza 10 formas en la sopa de letras. Luego, indica el pronombre personal de cada una.

S	M	E		A	C	U	E	S	T	O	C	Q	S
M	A	S	C	E	X	C	L	E	Y	U	P	L	D
E	V	U	E	L	V	E	S		R	P	V	H	T
R	C	V	O	Y	L	X	E	V	F	Ñ	B	L	E
I	N	P	S	N	P	C	A	I	D	V	C	F	
E	G	A	F	M	N	E	P	S	S	A	S	G	V
N	O	S		A	C	O	S	T	A	M	O	S	I
D	P	E	A	G	S	N	G	E	K	O	D	F	S
A	H	D	B	F	E	X	N	N	L	S	F	G	T
S	M	E	R	E	N	D	Á	I	S	L	B	N	E
P	O	R	S	V	O	L	V	E	M	O	S	M	S

1. ....
2. ....
3. ....
4. ....
5. ....
6. ....
7. ....
8. ....
9. ....
10. ....

6 Transforma las frases como en el modelo.

1. Es nuestro primo.   *Son nuestros primos.*
2. Es mi amiga.   ....
3. Es tu libro.   ....
4. Es vuestro cuaderno.   ....
5. Es su lápiz.   ....

6. Es mi compañero.   ....
7. Es nuestra profesora.   ....
8. Es tu mochila.   ....
9. Es vuestra prima.   ....
10. Es nuestro profesor.   ....

Lección 12

7 Escribe los pronombres.

1. .... (Lucas) le gusta pintar.

2. .... (Sonia y María) les gusta la música pop.

$$9 + \frac{5x}{2} = 4$$

3. .... me gustan las Matemáticas.

4. ¿................ te gustan los perros?

5. .... nos gusta el chocolate.

6. .... os gusta patinar.

8 **Copia las palabras y expresiones en la columna correcta.**

el deporte • tomar cereales • tu perro • mi instituto • tus amigos
los helados de chocolate • ir al instituto • el baloncesto • la paella
las Ciencias de la Naturaleza • el Inglés • hacer ejercicios de gramática
ver vídeos • la Literatura • las poesías • los ordenadores • tu estuche

me gusta	me gustan

9 **Une con flechas. Forma 13 frases.**

1. Me gusta
2. No te gustan
3. ¿Os gusta
4. A mis abuelos les gustan
5. No nos gustan
6. A mi primo le gusta

a. ver
b. los helados
c. tocar
d. hacer
e. las
f. la

I. surf.
II. natación.
III. la tele.
IV. Matemáticas.
V. de vainilla.
VI. la guitarra?

1. ....
2. ....
3. ....
4. ....
5. ....
6. ....
7. ....
8. ....
9. ....
10. ....
11. ....
12. ....
13. ....

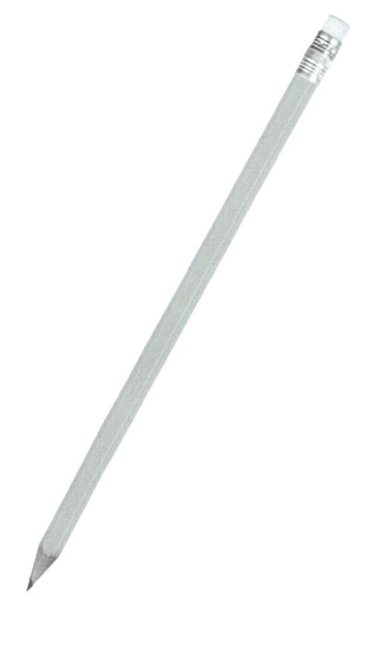

5 ¿Cuál es tu color favorito?

Lección 13

1 Completa las palabras con las vocales que faltan y escribe los artículos *la* o *el*.

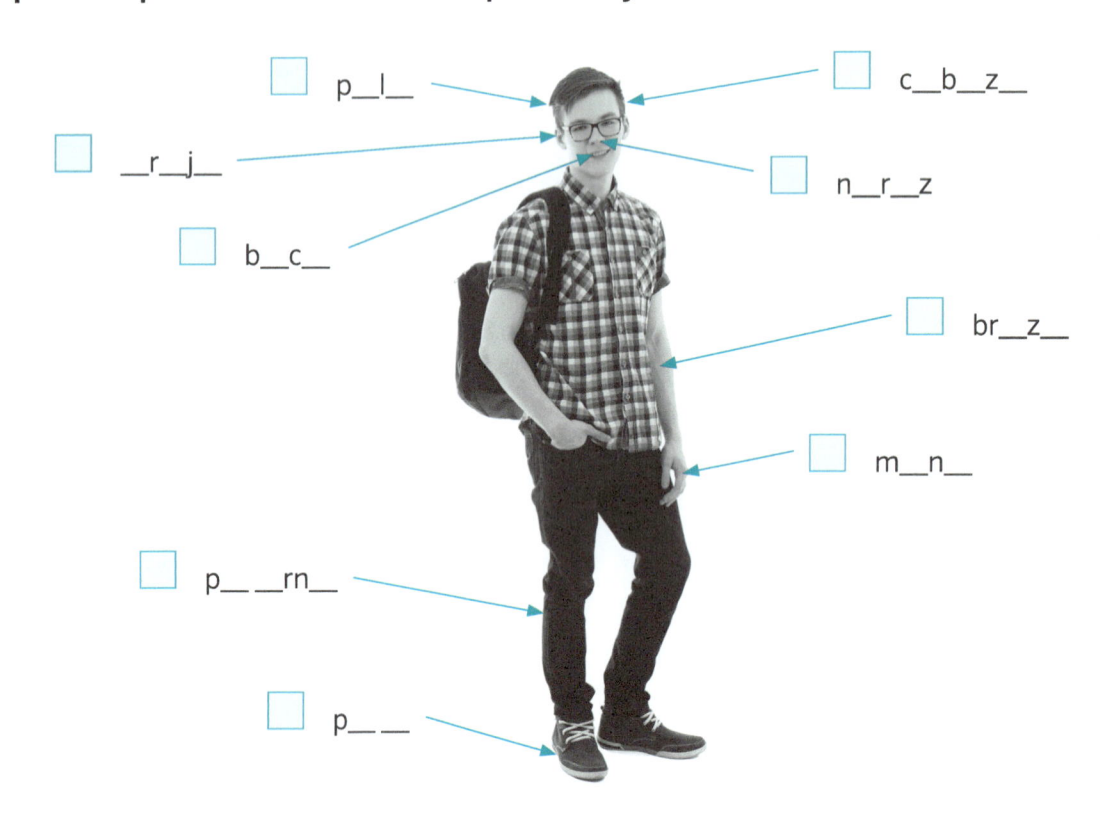

☐ p__l__

☐ __r__j__

☐ b__c__

☐ c__b__z__

☐ n__r__z

☐ br__z__

☐ m__n__

☐ p__ __rn__

☐ p__ __

2 Colorea las formas. Escribe el color de las mezclas.

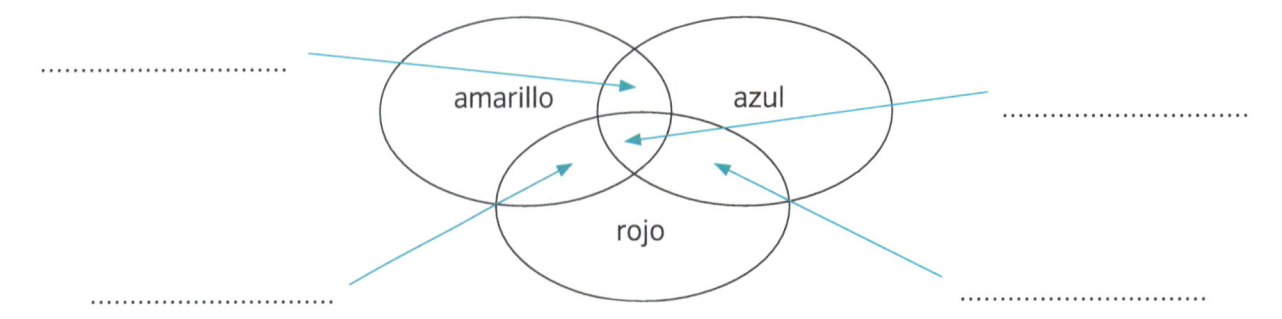

....

amarillo   azul

....

rojo

....

Lección 14

3 **Escribe estos números con letras.**

1. 32 ....
2. 64 ....
3. 87 ....
4. 29 ....
5. 99 ....
6. 23 ....
7. 43 ....
8. 71 ....
9. 54 ....
10. 56 ....

4 **Colorea estas casillas. ¿Qué lees?**

doce • dieciocho • veintiuno • veinticuatro • treinta • treinta y tres • treinta y nueve
cuarenta y uno • cuarenta y tres • cincuenta y cinco • sesenta y siete
setenta y ocho • ochenta y seis • noventa y uno • noventa y cinco • cien

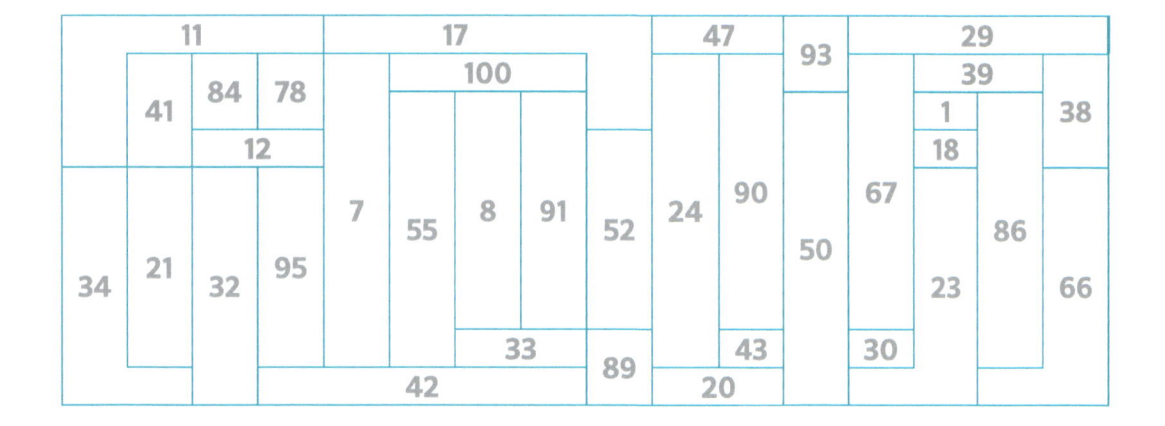

5 **Clasifica las palabras en la tabla.**

liso • rubio • delgada • corto • alto • moreno • verdes
baja • largo • azules • rizado • gorda • castaño • marrones

estatura	cuerpo	ojos	pelo	
			color	forma

Lección 15

6 Conjuga los verbos en pretérito perfecto simple.

	cenar	comer	escribir
yo	....	....	....
tú	....	....	....
Ud., él, ella	....	....	....
nosotros/as	....	....	....
vosotros/as	....	....	....
Uds., ellos/as	....	....	....

7 Relaciona las formas con los pronombres personales.

1. hablé
2. respondimos
3. viví
4. te acostaste
5. comí
6. hablaron
7. escribiste
8. volviste

a. yo
b. tú
c. Ud., él/ella
d. nosotros/as
e. vosotros/as
f. Uds., ellos/as

9. escuchó
10. vivió
11. comieron
12. volví
13. os acostasteis
14. escucharon
15. escribimos
16. respondió

8 Localiza 9 formas en pretérito perfecto simple de los verbos *hacer, ir* y *ver* y escribe los pronombres personales, como en el modelo.

Uds., ellos/as

hicevoyhablanvirespondemosfueronvanvistehagovanfuiescribenvioescuchan
hizohacenhicierondesayunáishacéisveofuimosvan

9 Ahora, escribe las 9 formas que faltan en el ejercicio anterior.

1. hacer   ....
2. ir   ....
3. ver   ....

6 ¿Cómo es tu casa?

Lección 16

1 Escribe los nombres de las habitaciones en el crucigrama.

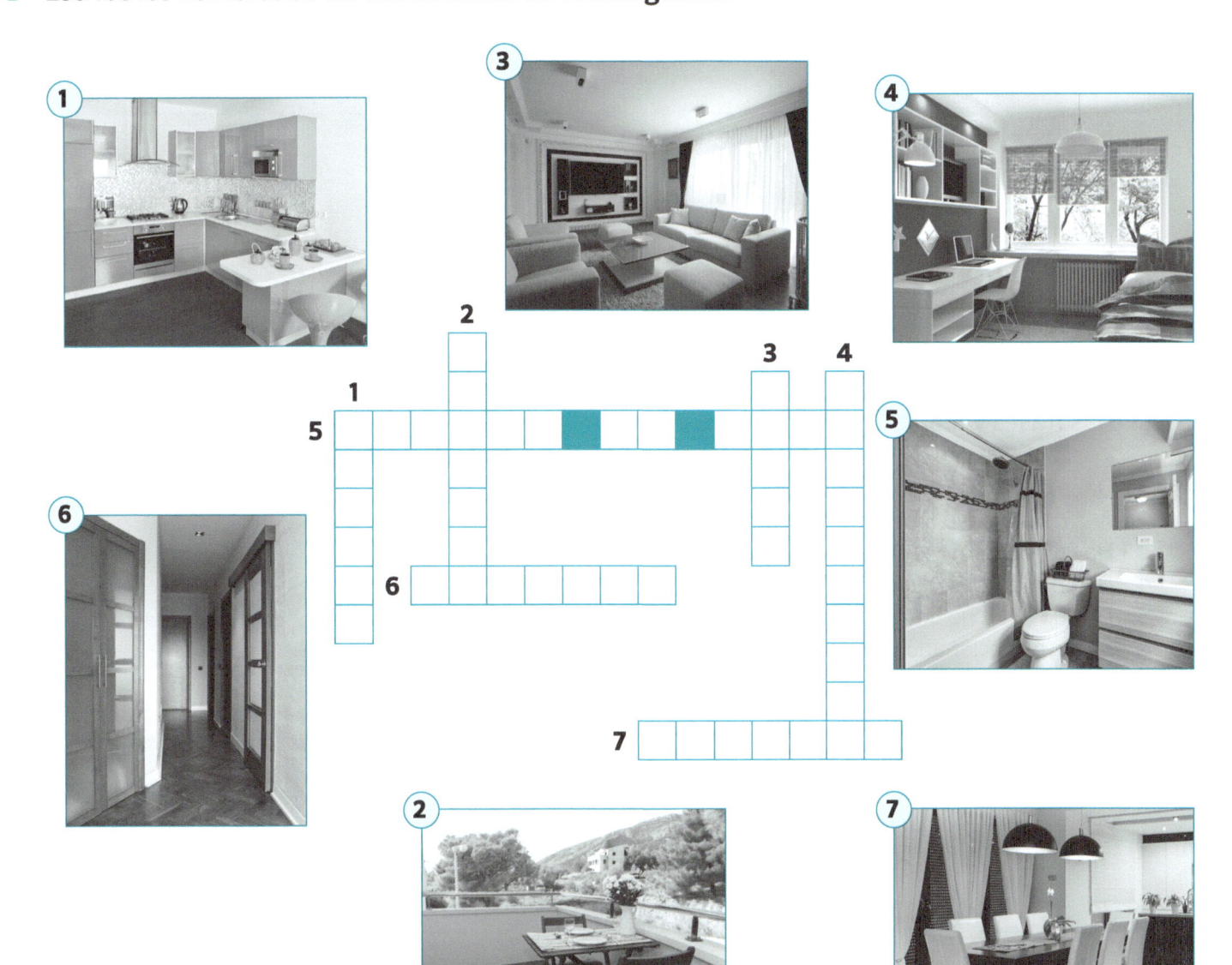

2 Dibuja los muebles.

una estantería azul	una cama verde	una silla roja

una alfombra violeta	un escritorio marrón	una mesita de noche amarilla

Lección 17

3 Lee las frases y dibuja los objetos.

1. Debajo del escritorio hay un balón.
2. A la derecha del ordenador hay un diccionario.
3. Hay un bolígrafo entre el móvil y el diccionario.
4. Delante del ordenador hay una goma.
5. Hay un estuche detrás del móvil.
6. Sobre el diccionario hay una goma.

4 Clasifica las palabras en la tabla.

esa silla • aquellos lápices • este chico • estas tijeras • aquellas gafas • ese ordenador
esta mochila • esos balones • aquella foto • estos cuadernos • esas camisetas • aquel árbol

Está(n) cerca	No está(n) muy lejos	Está(n) lejos

Lección 18

5 Observa las fotos y escribe frases con *ir a* + infinitivo.

1. Vosotros ....
....

2. Mis abuelos ....
....

3. Tú ....
....

4. Nosotros ....
....

5. Yo ....
....

6. Alberto ....
....

7. Yo ....
....

8. Tus amigos ....
....

9. Verónica ....
....

6 Indica la expresión temporal más adecuada.

		a.	**b.**
1.	Voy a ir a la playa.	Este verano.	En diciembre.
2.	Vamos a cenar en la terraza.	Esta tarde.	Esta noche.
3.	Vas a merendar con tus primos.	Esta tarde.	Esta mañana.
4.	Voy a acostarme…	a las 22.00.	a las 18:30.
5.	Es viernes, ……… no voy a ir al instituto.	hoy	mañana

Fonética y ortografía

Así se pronuncia y se escribe en español

• La *l* y la *ll*

pista 40

1 Escucha estos nombres de ciudades españolas. Indica qué letra oyes: *l* o *ll*.

	l	ll
1.	☐	☐
2.	☐	☐
3.	☐	☐
4.	☐	☐
5.	☐	☐

	l	ll
6.	☐	☐
7.	☐	☐
8.	☐	☐
9.	☐	☐
10.	☐	☐

pista 41

2 Escucha de nuevo y repite cada palabra.

Sevilla • Castellón • Málaga • Valencia • Pamplona • Mallorca
Alicante • Marbella • Trujillo • Barcelona

• La *n* y la *ñ*

pista 42

3 Escucha y completa estas palabras con *n* o *ñ*. Después, lee en voz alta.

1. la pi__a   **2.** la ra__a   **3.** la ara__a   **4.** las casta__as   **5.** las ma__os

6. el __ido   **7.** las monta__as   **8.** el pa__uelo   **9.** el aba__ico   **10.** el __i__o

• La y

pista 43

4 **Escucha y observa.**

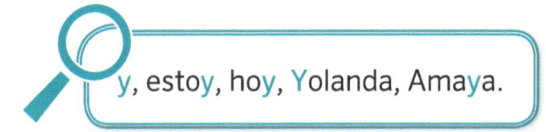
y, estoy, hoy, Yolanda, Amaya.

5 **Ahora, relaciona.**

1. y sola y final se pronuncia como
2. y + vocal se pronuncia como

a. la *ll*
b. la *i*

pista 44

6 **Pronuncia estas palabras. Luego, escucha y comprueba.**

1. el jersey

2. el payaso

3. el buey

4. la papaya

5. el yoyó

6. el rey

7. el yogur

8. Paraguay

9. la playa

10. Uruguay

• La c y la qu

pista 45

7 **Lee, escucha y repite.**

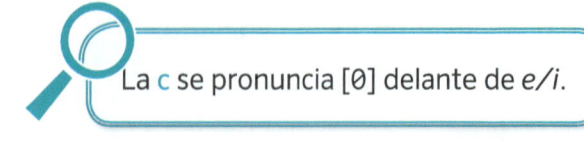
La c se pronuncia [θ] delante de *e/i*.

1. el lince

2. el doce

3. la cebra

4. la ciruela

5. el cien

6. el cielo

 **8** **Lee, escucha y repite.**

pista 46

La **c** se pronuncia [k] delante de *a/o/u* .

1. el **c**aramelo

2. la mos**c**a

3. el melo**c**otón

4. el **c**oche

5. el **c**uatro

6. el **c**uarenta

 **9** **Lee, escucha y repite.**

pista 47

La **qu** se pronuncia [k] delante de *e/i*.

1. el par**qu**e

2. el **qu**ince

3. el **qu**eso

10 **Ahora, completa las frases.**

1. Delante de a, o, u, el sonido /k/ se escribe ....

2. Delante de i y e, el sonido /k/ se escribe ....

3. Delante de las consonantes, el sonido /k/ se escribe ....

 **11** **Pronuncia estos nombres españoles. Luego, escucha y comprueba.**

pista 48

Celia • Carolina • Francisco • Macarena • Marcos • Cecilia
Patricia • Blanca • Marcelo • Lucas

12 **Escribe las palabras que faltan con el sonido /k/ como en el ejemplo.**

1. ¿............Qué............ hora es?

2. Un mes del año: ....

3. Un continente: ....

4. Un color: ....

5. El 4: ....

6. Un día de la semana: ....

7. El 15: ....

8. Un 🗒 : ....

9. Una 🖩 : ....

10. Contrario de *largo*: ....

• La g y la gu

13 Lee, escucha y repite.

> La g se pronuncia [g] delante de *a/o/u/ui/ue/l/r*.

1. el gato

2. el mango

3. la regla

4. el tigre

5. la guitarra

6. el guepardo

14 Lee, escucha y repite.

> La g se pronuncia [X] delante de *e/i*.

1. el geranio

2. el genio

3. el colegio

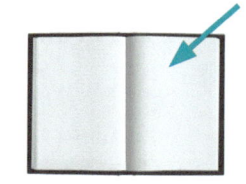

4. la página

15 Ahora, completa las frases.

1. Delante de las vocales a, o, u, el sonido /g/ se escribe ....
2. Delante de las vocales i y e, el sonido /X/ se escribe ....
3. Delante de las consonantes, el sonido /g/ se escribe ....

16 **Pronuncia estos nombres de ciudades españolas.**

Gerona • Burgos • Cartagena • Granada • La Gomera • Sagunto • Málaga • Segovia
Consuegra • Figueras • Zaragoza • Fuengirola • Guadalupe • Logroño • Águilas

17 **Lee estos nombres. Indica los nombres con el sonido /g/.**

Gustavo • Gerardo • Miguel • Hugo • Ágata • Guillermo
Gracia • Ángel • Santiago • Sergio • Águeda • Gabriela

• La *r* y la *rr*

18 **Lee, escucha y repite estos nombres y apellidos.**

pista 51

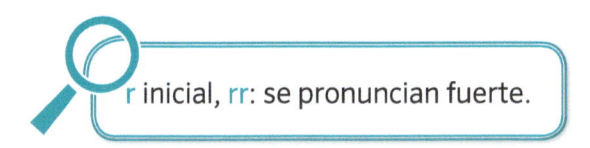

r inicial, rr: se pronuncian fuerte.

Rafael • Rebeca • Raúl • Roberto • Aguirre • Barranca • Navarro • Carrillo

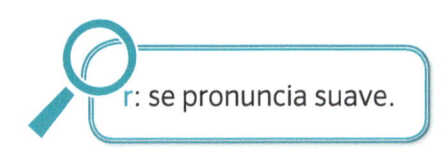

r: se pronuncia suave.

Federica • Álvaro • Dolores • Dora • Florencia • Alejandro
Beatriz • Bruno • Cristina • Leonor • Armando • Berta

19 **Escucha estos apellidos y marca fuerte (F) o suave (S). Luego, completa con *r* o *rr*.**

pista 52

	F	S
1. Iba___a	☐	☐
2. Ab___il	☐	☐
3. Lato___e	☐	☐
4. Mu___illo	☐	☐
5. ___edondo	☐	☐

	F	S
6. Oliva___es	☐	☐
7. Bece___a	☐	☐
8. G___ande	☐	☐
9. ___obles	☐	☐
10. Due___o	☐	☐

Diccionario visual

El material escolar

el archivador

el bolígrafo

la calculadora

el sacapuntas

la goma

las tijeras

el cuaderno

el estuche

el rotulador

los libros

la regla

la mochila

las pinturas

el lápiz

el clip

Las asignaturas

 **Lengua y Literatura**

 **Química**

 **Física**

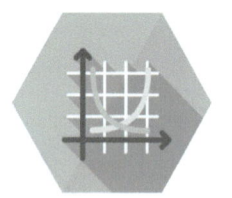 **Matemáticas**

 **Tecnología**

 **Geografía**

 **Biología**

 **Música**

 **Historia**

 **Educación Plástica y Visual**

 **Educación Física**

 **Dibujo Técnico**

La familia

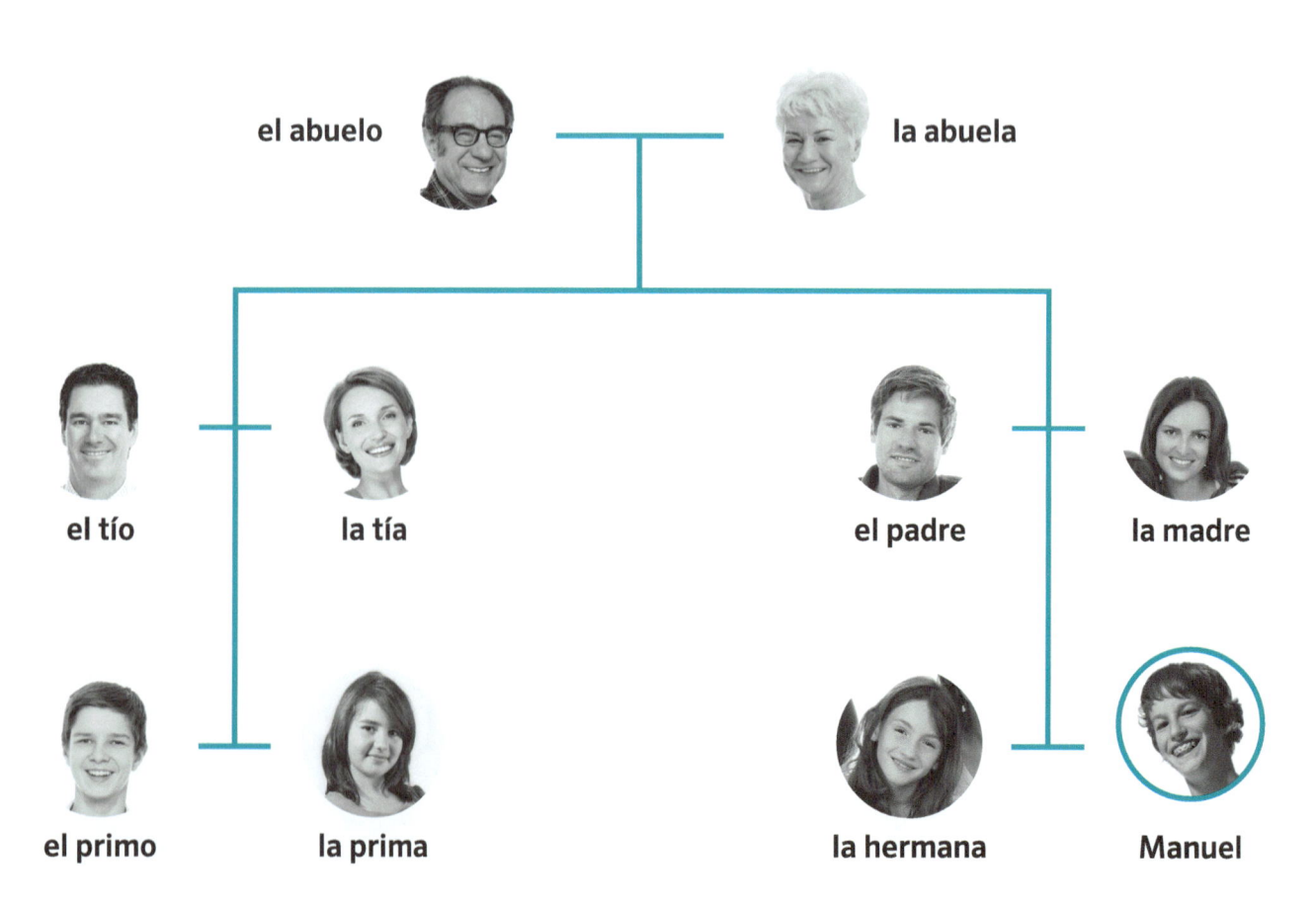

el abuelo · la abuela · el tío · la tía · el padre · la madre · el primo · la prima · la hermana · Manuel

Las actividades cotidianas

desayunar

comer

merendar

cenar

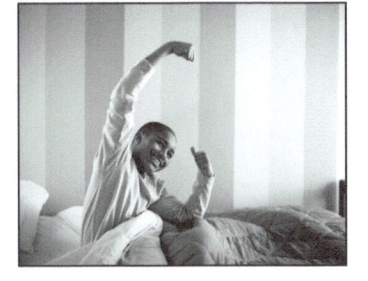

levantarse

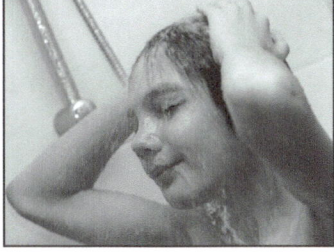

ducharse

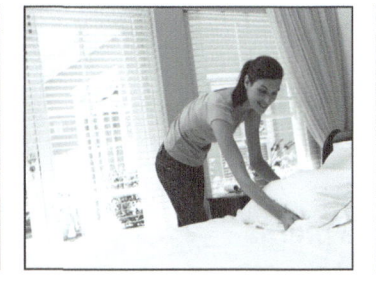

hacer la cama

acostarse

ordenar la habitación

escuchar música

poner la mesa

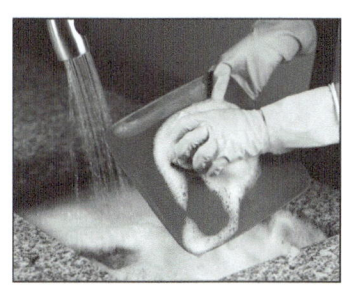

fregar

cocinar

tocar la guitarra

patinar

hacer deberes

ir al supermercado

tirar la basura

ver la tele

montar en bici

Las partes del cuerpo

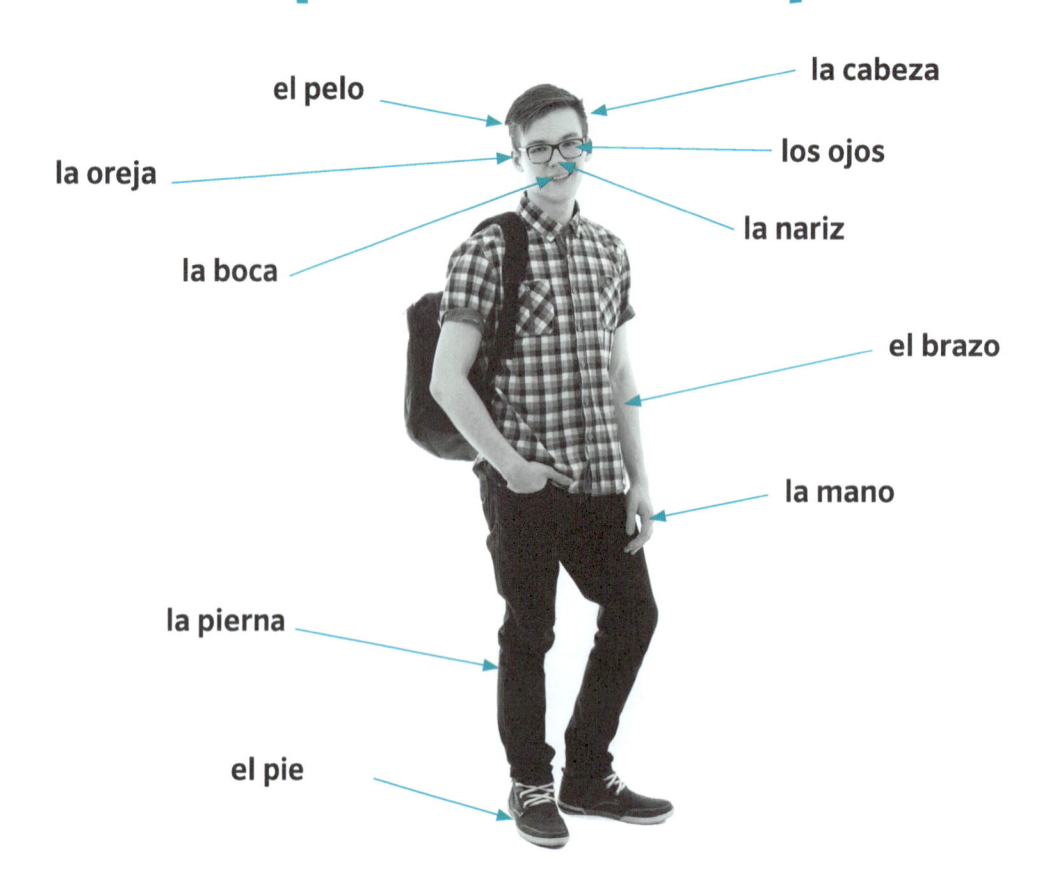

el pelo

la cabeza

los ojos

la oreja

la nariz

la boca

el brazo

la mano

la pierna

el pie

La descripción física

(tiene) pelo largo y liso

(tiene) pelo corto y rizado

(es) delgado

(es) gordo

(es) alto

(es) bajo

Las habitaciones de la casa

el baño

el comedor

la terraza

la cocina

el dormitorio

el pasillo

el salón

Los muebles del dormitorio

el escritorio

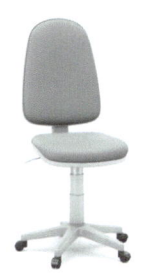
la silla

la alfombra

el armario

la mesita

la cama

la estantería

Los animales

el canguro

el elefante

el gato

el koala

el loro

la mariquita

el perro

la cebra

el lince

el guepardo

el tigre

la mosca

el buey

la rana

la araña

el pato

Las frutas

las fresas

los higos

el kiwi

la naranja

la piña

el melocotón

la ciruela

el mango

la papaya

las uvas

la manzana

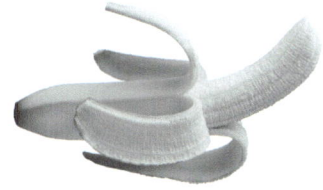
el plátano

las cerezas

la pera

el limón

la sandía

Más palabras

los auriculares

el balón

la bombilla

la bici

la cámara

la camiseta

el collar

la consola

la clase

el despertador

las gafas

los globos

la gorra

la guitarra

la hamburguesa

la lavanda

la linterna

el llavero

la raqueta

el reloj

la tarta

la taza

el portátil

las zanahorias

las chuches

los patines

el helado

la tele

la bandera

la llave USB

el ratón

el chocolate

el invierno

el árbol

las flores

la tabla de surf

Mi diccionario

Traduce estas palabras a tu idioma y escribe una frase con cada una en español

Unidad 0

Traducción		Frase	
agenda (la)	....	....	
alfabeto (el)	....	....	
amigo, amiga (el, la)	....	....	
apellido (el)	....	....	
balón (el)	....	....	
Buenas noches.	....	....	
Buenas tardes.	....	....	
Buenos días.	....	....	
cámara (la)	....	....	
cero (el)	....	....	
cinco (el)	....	....	
¡Claro!	....	....	
cojín (el)	....	....	
correo electrónico (el)	....	....	
cuatro (el)	....	....	
despedirse	....	....	
diez (el)	....	....	
dos (el)	....	....	
¡Genial!	....	....	
Gracias.	....	....	
Hola.	....	....	
lápiz (el)	....	....	
letra (la)	....	....	
móvil (el)	....	....	

música (la)	....	....
nombre (el)	....	....
nueve (el)	....	....
número (el)	....	....
ocho (el)	....	....
ordenador (el)	....	....
perro (el)	....	....
presentarse	....	....
¿Qué tal?	....	....
rotulador (el)	....	....
saludar	....	....
seis (el)	....	....
sí	....	....
siete (el)	....	....
sílaba (la)	....	....
silla (la)	....	....
tilde (la)	....	....
tres (el)	....	....
uno (el)	....	....
vocal (la)	....	....

Unidad 1

año (el)	....	....
baloncesto (el)	....	....
bandera (la)	....	....
blog (el)	....	....
camiseta (la)	....	....
campeonato (el)	....	....
catorce (el)	....	....
chico, chica (el, la)	....	....
ciudad (la)	....	....

cumpleaños (el) ....

día (el) ....

diecinueve (el) ....

dieciocho (el) ....

dieciséis (el) ....

diecisiete (el) ....

doce (el) ....

domingo (el) ....

edad (la) ....

entrenador, entrenadora (el, la) ....

entrenamiento (el) ....

equipo (el) ....

favorito, favorita ....

fútbol (el) ....

jueves (el) ....

julio ....

llamarse ....

lunes (el) ....

martes (el) ....

miércoles (el) ....

nacional ....

nuevo, nueva ....

once (el) ....

país (el) ....

profesor, profesora (el, la) ....

quince (el) ....

sábado (el) ....

semana (la) ....

ser ....

tener ....

trece (el) ....

treinta (el) ....

veinte (el) ....

veinticinco (el) ....

veinticuatro (el) ....

veintidós (el) ....

veintinueve (el) ....

veintiocho (el) ....

veintiséis (el) ....

veintisiete (el) ....

veintitrés (el) ....

veintiuno (el) ....

viernes (el) ....

vivir ....

Unidad 2

abril ....

agosto ....

alemán, alemana ....

año (el) ....

argentino, argentina ....

brasileño, brasileña ....

buscar ....

canadiense ....

canguro (el) ....

capital (la) ....

chino, china ....

ciudad (la) ....

clase (la) ....

colombiano, colombiana ....

comida (la) ....

comprar ....

consonante (la) ....

continente (el) ....

conversación (la) ....

cuaderno (el) ....

cubano, cubana ....

diciembre ....

enero ....

Es verdad. ....

español, española ....

estadounidense ....

estuche (el) ....

fácil ....

febrero ....

fecha (la) ....

feliz ....

foto (la) ....

francés, francesa ....

Francia ....

frase (la) ....

futbolista (el, la) ....

grupo (el) ....

hombre (el) ....

hoy ....

idioma (el) ....

información (la) ....

instituto (el) ....

italiano, italiana ....

japonés, japonesa ....

joven ....

julio ....

junio ....

lección (la) ....

libro (el) ....

libro de aventuras (el) ....

llave USB (la) ....

mapa (el) ....

marroquí, marroquí ....

marzo ....

mayo ....

mes (el) ....

mexicano, mexicana ....

mochila (la) ....

monumento (el) ....

mujer (la) ....

mundo (el) ....

muñeca (la) ....

nacionalidad (la) ....

natación (la) ....

noviembre ....

octubre ....

plato (el) ....

portugués, portuguesa ....

postal (la) ....

pregunta (la) ....

raqueta (la) ....

regalo (el) ....

ruso, rusa ....

septiembre ....

torre (la) ....

unidad (la) ....

Unidad 3

actividad (la) ....

al lado de ....

animal (el) ....

aprender ....

archivador (el) ....

asignatura (la) ....

biografía (la) ....

bolígrafo (el) ....

buscar	....
calculadora (la)	....
Ciencias de la Naturaleza	....
Ciencias Sociales	....
clase (la)	....
compañero, compañera (el, la)	....
debajo de	....
delante de	....
detrás de	....
diálogo (el)	....
dibujar	....
Educación Física	....
Educación Plástica y Visual	....
ejercicio (el)	....
en	....
entre	....
escribir	....
escritor, escritora (el, la)	....
escuchar	....
estar	....
estudiar	....
explicación (la)	....
explicar	....
famoso, famosa	....
francés, francesa	....
Geografía	....
goma (la)	....
gramática (la)	....
hacer	....
hora (la)	....
Inglés	....
leer	....
Lengua y Literatura	....
mañana	....
Matemáticas	....

material escolar (el)	....
Música	....
objeto (el)	....
perro (el)	....
persona (la)	....
poesía (la)	....
por la mañana	....
regla (la)	....
reloj (el)	....
responder	....
sacapuntas (el)	....
sobre	....
Tecnología	....
tijeras (las)	....
ver	....
vídeo (el)	....

Unidad 4

abuelo, abuela (el, la)	....
acostarse	....
adolescente (el, la)	....
afición (la)	....
araña (la)	....
cenar	....
chocolate (el)	....
colegio (el)	....
comer	....
cómic (el)	....
compañero, compañera (el, la)	....
deberes (los)	....
desayunar	....

diversión (la) ....

ducharse ....

escuchar música ....

estudiante (el, la) ....

familia (la) ....

fiesta (la) ....

foro (el) ....

fresa (la) ....

gato (el) ....

guitarra (la) ....

gustar ....

gustos (los) ....

hacer los deberes ....

hacer un *selfie* ....

hacer surf ....

helado (el) ....

hermano, hermana (el, la) ....

invierno (el) ....

ir ....

levantarse ....

llegar ....

luego ....

madre (la) ....

merendar ....

miembro (el) ....

otoño (el) ....

padre (el) ....

patinar ....

pequeño, pequeña ....

por la noche ....

por la tarde ....

póster (el) ....

primo, prima (el, la) ....

rutina (la) ....

selfie (el) ....

surf (el) ....

tableta (la) ....

tele (la) ....

tío, tía (el, la) ....

tocar la guitarra ....

todos los días ....

vainilla (la) ....

ver la tele ....

vestirse ....

volver a casa ....

Unidad 5

alto, alta ....

amarillo, amarilla ....

azul ....

bajo, baja ....

blanco, blanca ....

boca (la) ....

brazo (el) ....

cabeza (la) ....

calle (la) ....

cara (la) ....

castaño, castaña ....

cien (el) ....

cincuenta (el) ....

color (el) ....

correr ....

corto, corta ....

cuarenta (el) ....

cuerpo (el) ....

delgado, delgada ....

después	....	....
dirección (la)	....	....
estatura (la)	....	....
fin de semana (el)	....	....
gafas (las)	....	....
gordo, gorda	....	....
gris	....	....
jugar	....	....
liso, lisa	....	....
llevar gafas	....	....
mano (la)	....	....
marrón	....	....
medir	....	....
moreno, morena	....	....
naranja	....	....
nariz (la)	....	....
negro, negra	....	....
noventa (el)	....	....
ochenta (el)	....	....
ojo (el)	....	....
oreja (la)	....	....
parque (el)	....	....
pelo (el)	....	....
pesar	....	....
peso (el)	....	....
pie (el)	....	....
pierna (la)	....	....
rojo, roja	....	....
rosa	....	....
rubio, rubia	....	....
salir	....	....
sesenta (el)	....	....
setenta (el)	....	....
verde	....	....
violeta	....	....

Unidad 6

a la derecha (de)	....
a la izquierda (de)	....
ahí	....
alfombra (la)	....
allí	....
alumno, alumna (el, la)	....
aquí	....
armario (el)	....
bailar	....
biblioteca (la)	....
caballo (el)	....
cama (la)	....
campamento (el)	....
casa (la)	....
cocina (la)	....
comedor (el)	....
cuarto de baño (el)	....
diccionario (el)	....
dormitorio (el)	....
escritorio (el)	....
esta mañana	....
esta noche	....
esta tarde	....
estantería (la)	....
fantástico, fantástica	....
grande	....
hacer fotos	....
hámster (el)	....
ir de acampada	....
laboratorio (el)	....

lago (el) ....

mar (el) ....

mesita de noche (la) ....

montar a caballo ....

mueble (el) ....

nadar ....

navegar por Internet ....

organizar ....

pasillo (el) ....

película (la) ....

piso (el) ....

pizarra digital (la) ....

plan (el) ....

playa (la) ....

¡Qué suerte! ....

salón (el) ....

terraza (la) ....

vacaciones (las) ....

ventana (la) ....

ver una película ....

verano (el) ....

Transcripciones del libro del alumno

(todas las transcripciones del libro del alumno se pueden imprimir y fotocopiar.

Puede descargárselas en **www.edelsa.es > sala de profesores**)

Unidad 0

Saludas, te presentas y te despides
Pista 1. 1. Escucha y marca la foto correcta.

1. *Chico:* Hola.
  Chica: Hola, buenos días.
2. *Chica:* Adiós, buenas tardes.
3. *Chico 1:* Hola, buenos días. Soy David. ¿Y tú?
  Chico 2: Hola, yo soy José.

Aprendes el alfabeto
Pista 2. 4. Escucha y completa el alfabeto con estas letras.

El alfabeto: A, B, C, D, E, F, G, H, I, J, K, L, M, N, Ñ, O, P, Q, R, S, T, U, V, W, X, Y, Z.
c + h se pronuncia *che*
l + l se pronuncia *elle*

Deletreas tu correo electrónico
Pista 3. 5. María y Raquel hablan por Skype. Escucha y lee.

María   ¿Tienes correo electrónico?
Raquel   Sí, claro. Es raqmuñozgil@gmail.es
María   raq... ¡Uf! ¿Cómo se escribe?
Raquel   Erre, a, cu, eme, u, eñe, o, zeta, ge, i, ele, arroba, gmail, punto, e, ese.
María   ¡Genial! Gracias.

Cuentas del 0 (cero) al 10 (diez)
Pista 4. 7. Escucha y escribe los números que faltan.

a. cinco; **b.** ocho; **c.** nueve; **d.** seis; **e.** tres; **f.** dos; **g.** cero; **h.** uno; **i.** cuatro; **j.** siete.

Así suena el español
Pista 5. 9. Escucha y comprueba.

Raquel, ordenador, rotulador; Carmen, perro, silla; Malú, cojín, balón; Ángel, lápiz, móvil.
Verónica, música, cámara.

Unidad 1

Para empezar... ¡Prepárate!
Pista 6. 1. Escucha y escribe el nombre de cada chico.

1. ¡Hola! Me llamo David.
2. ¡Hola! Me llamo Adela.

Lección 1

Los días de la semana
Pista 7. 2. Escucha y completa los nombres de los días de la semana.

1. lunes; **2.** martes; **3.** miércoles; **4.** jueves; **5.** viernes; **6.** sábado; **7.** domingo.

Los números del 1 al 20
Pista 8. 4. Escucha y comprueba.

uno, dos, tres, cuatro, cinco, seis, siete, ocho, nueve, diez, once, doce, trece, catorce, quince, dieciséis, diecisiete, dieciocho, diecinueve, veinte.

Lección 2

Presentaciones
Pista 9. 1. Escucha y lee cómo se presentan.

Entrenadora	¡Hola, chicos, buenas tardes! Soy la entrenadora, me llamo Carmen Medina Toledo. ¿Y tú? ¿Cómo te llamas?
María	Me llamo María.
Entrenadora	¿Tus apellidos?
María	Moreno Casas.
Entrenadora	Y vosotros, ¿quiénes sois?
Lucas	Yo soy Lucas Rubio Palacios y él es Marcos López Ruiz.
Entrenadora	Y tú eres...

Lección 3

Nuevos amigos
Pista 10. 1. Escucha la conversación entre estos chicos.

Víctor	Hola, me llamo Víctor, y tú, ¿cómo te llamas?
Sara	Me llamo Sara. ¿Cuántos años tienes?
Víctor	Tengo 12 años. Vivo en Madrid. Y tú, ¿dónde vives?
Sara	En La Coruña. ¿Cuál es el número de tu camiseta?
Víctor	El seis. ¡Es mi número favorito!

Los interrogativos
Pista 11. 5. Escucha y comprueba.

1. ¿Quiénes son?; **2.** ¿Cuál es tu día favorito?; **3.** ¿Cuáles son tus apellidos?; **4.** ¿Quién eres?; **5.** ¿Cómo se llama la chica?; **6.** ¿Cuántos años tenéis?; **7.** ¿Dónde viven Elena y Lucía?

Área de Lengua
Pista 12. 1. Escucha y observa.

1. Paula tiene 12 años.
2. ¿Paula tiene 12 años?
3. ¡Paula tiene 12 años!

Pista 13. 2. Escucha y marca ¡!, ¿? o .

1. a. ¿Tu día favorito es el lunes?; **b.** Tu día favorito es el lunes.; **c.** ¡Tu día favorito es el lunes!
2. a. ¡José es el entrenador!; **b.** ¿José es el entrenador?; **c.** José es el entrenador.
3. a. Son tus amigos del equipo de fútbol.; **b.** ¡Son tus amigos del equipo de fútbol!; **c.** ¿Son tus amigos del equipo de fútbol?

Unidad 2

Lección 4

Los países y los continentes
Pista 14. 1. Escucha y completa los nombres de los países.

1. Canadá; **2.** Estados Unidos; **3.** México; **4.** Brasil; **5.** Argentina; **6.** Francia; **7.** Italia; **8.** Portugal; **9.** Inglaterra; **10.** Alemania; **11.** Marruecos; **12.** Grecia; **13.** Rusia; **14.** Australia; **15.** Japón.

Los meses del año
Pista 15. 4. Escucha y ordena los meses.

1. enero; **2.** febrero; **3.** marzo; **4.** abril; **5.** mayo; **6.** junio; **7.** julio; **8.** agosto; **9.** septiembre; **10.** octubre; **11.** noviembre; **12.** diciembre.

Lección 5

Es español
Pista 16. 2. Escucha y comprueba tus respuestas.

David José, ¿cuántas nacionalidades conoces?
A ver, la *pizza* es una comida…

José ¡Italiana!

David ¡Bien! Lionel Messi es un futbolista…

Virginia ¡Qué fácil! Argentino.

David Síííííí. La Torre Eiffel es un monumento…

Virginia ¡Francés!

David One Direction es un grupo…

José ¡Yo lo sé! ¡Inglés!… Otra, otra pregunta.

Virginia Vale. Ahora pregunto yo.
La paella es una comida…

David ¡Qué fácil! ¡Española!

Lección 6

Un regalo
Pista 17. 2. Escucha y comprueba.

Sara ¿Qué día es hoy?

David ¡Hoy es 5 de octubre! Es el cumpleaños de Marcos.

Sara ¡Es verdad! ¿Qué compramos?

David ¡Un estuche! No, no. Unos rotuladores para clase.

Sara ¡Noooo! ¿Y una camiseta?

David O una llave USB.

Sara ¿Y un libro de aventuras?

David No sé. Síííí. ¡Una raqueta!

Sara Vale, y buscamos una postal en Internet.

David Genial.

La fecha de cumpleaños
Pista 18. 3. Escucha y marca la fecha de cumpleaños de los dos amigos.

Chico: Mi cumpleaños es el 5 de abril./Chica: Mi cumpleaños es el 20 de agosto.

Vivir en sociedad
Pista 19. 4. Escucha y aprende la canción del «Cumpleaños feliz».

Cumpleaños feliz, cumpleaños feliz. Te deseamos todos cumpleaños feliz.

Unidad 3

Lección 7

El material escolar

Pista 20. 1. Escucha y escribe estos nombres debajo del objeto adecuado.

1. los libros; **2.** el archivador; **3.** el estuche; **4.** los bolígrafos; **5.** la mochila; **6.** los cuadernos; **7.** la goma; **8.** el lápiz; **9.** el rotulador; **10.** la calculadora; **11.** las tijeras; **12.** la regla; **13.** el sacapuntas.

Lección 8

Mis clases

Pista 21. 1. Escucha y lee qué hacen Raquel y sus compañeros en clase.

Hoy es martes. Los martes por la mañana estudio tres asignaturas. En clase de Inglés estudiamos con ordenadores. Escuchamos diálogos, vemos vídeos, hacemos ejercicios de gramática, aprendemos palabras... y no escribimos en el libro.

Después, tengo clase de Lengua y Literatura. En esta clase el profe explica la lección. Estudiamos la biografía de escritores importantes. Leemos textos y escribimos las explicaciones del profesor en el cuaderno y respondemos a las preguntas del profesor.

Después, en clase de Geografía, escuchamos al profe. Aprendemos los nombres de los países. Dibujamos mapas y buscamos información en Internet. .

La frase negativa

Pista 22. 6. Escucha y marca las frases correctas.

- ● ¿Cuál es tu asignatura favorita?
- ○ Inglés. Mi profesor es inglés, de Oxford.
- ● ¿Qué hacéis en clase de Inglés?
- ○ Leemos textos, escuchamos diálogos...
- ● ¿Aprendéis poesías?
- ○ No. Aprendemos canciones.

Lección 9

Mis compañeros

Pista 23. 1. Escucha a Raquel y observa la foto.

Hoy es lunes y son las diez y diez. Estoy en la clase de Música. Mis compañeros están sentados en las sillas, excepto Alba y Rubén. Nerea está al lado de Diego. Diego y Carlos están delante de Daniel. Matilde está detrás de Carlos. Daniel está entre Matilde y Valeria. Y yo, ¿dónde estoy?
¡Pues yo hago la foto!

El nombre: singular y plural

Pista 24. 5. Escucha y escribe las palabras.

1. el amigo; **2.** el reloj; **3.** la goma; **4.** la clase.

Unidad 4

Para empezar... ¡Prepárate!
Pista 25. 3. Escucha y marca qué le gusta a Manuel.

- ● Oye, Manuel, ¿te gusta jugar al fútbol?
- ○ No, no me gusta.
- ● ¿Y la Geografía?

- ○ Síííí, es mi asignatura favorita.
- ● ¿Te gusta el invierno?
- ○ No, no me gusta.

Lección 10

La familia de Manuel
Pista 26. 1. Luego, escucha y comprueba.

Hola, soy Manuel. Te presento a mi familia. Mi abuelo se llama Gustavo y mi abuela, María. Mi padre se llama Jacobo y mi madre, Patricia. Tengo un tío y una tía. Mi tía se llama Lucía y mi tío, Pedro. Tengo dos primos, David, mi primo, y Natalia, mi prima. Mi hermana se llama Nuria.

Las actividades cotidianas
Pista 27. 3. Escucha qué hacen estos chicos y relaciona cada actividad con la foto adecuada.

1. *Chico:* Por la mañana me levanto a las 7:00, me ducho a las 7:15, desayuno a las 7:30 y me visto a las 7:45;
2. *Chico:* Yo, por la tarde, como a las 13:30 y a las 17:00 meriendo. A las 17:20 voy a patinar con mis amigos y después hago los deberes, a las 19:00;
3. *Chica:* Yo ceno a las 21:00 y después veo la tele, a las 21:30. Me acuesto a las 22:30.

Lección 11

Manuel participa en un foro de estudiantes
Pista 28. 1. Escucha y lee lo que escribe Manuel.

Me llamo Manuel y vivo en Salamanca, tengo una hermana, Nuria. Todos los días me levanto a las 7:00, me ducho y me visto. Mi hermana y yo desayunamos con nuestra madre. Luego, vamos los dos al instituto. Bueno, mi hermana va al colegio y yo voy al instituto. Llegamos a las 8:15. A las 14:00 como con mis compañeros. A las 17:00 vuelvo a casa, meriendo y hago los deberes. Mi hermana y yo cenamos a las 21:00 con nuestros padres y vemos la tele. Mi hermana se acuesta a las 22:15 y yo me acuesto a las 22:30.

Lección 12

Los gustos de Manuel
Pista 29. 1. Escucha lo que dice Manuel y marca *me gusta/n, no me gusta/n*.

A mí me gusta tocar la guitarra y patinar. También me gustan el chocolate y las fresas. Y también los helados de vainilla. Síííí, los helados de vainilla son mis preferidos.
El invierno no me gusta, pero en verano me gusta hacer surf con mis amigos y jugar al fútbol.
Dibujar no me gusta, es aburrido. ¡Ah, sí! Tengo dos perros y me gustan mucho. Se llaman Tim y Tam.

¿Qué te gusta?
Pista 30. 5. Escucha y completa con la letra correcta: a = *le gusta(n)* / b = *no le gusta(n)*.

- ● Hola, Nerea. Hoy hago una encuesta para clase de Lengua sobre los gustos de mis amigos, ¿vale? ¿A ti te gustan los perros?
- ○ ¡Sí! Tengo uno, se llama Tino.
- ● ¿Y dibujar?, ¿te gusta dibujar?

- Sí. Tenemos clase de Dibujo los miércoles y me gusta mucho.
- ¿Y las fresas?
- No, no me gustan.
- ¿Te gusta hacer *selfies*?

- ¡Síííí! Con mis amigas.
- ¿Y los deportes?
- Bueno, no me gusta la natación, pero me gusta el baloncesto. Estoy en el equipo del instituto.
- Gracias, Nerea.

Unidad 5

Lección 13

El cuerpo
Pista 31. 3. Escucha y comprueba.
1. Tenemos dos orejas para escuchar música; **2.** Con los ojos leemos y vemos la tele; **3.** La nariz sirve para respirar; **4.** El pelo está en la cabeza; **5.** En la cabeza están los ojos, las orejas, la nariz y la boca; **6.** Tenemos dos brazos. En los brazos tenemos dos manos para escribir, dibujar; **7.** También tenemos dos piernas y dos pies.

Los colores
Pista 32. 5. Escucha lo que dicen y escribe el nombre del color adecuado.
1. Sergio: A mí me gustan el azul y el gris. Son mis colores favoritos. El azul es el color del cielo y el gris es el color de mi mochila; **2.** Alba: A mí me gusta el amarillo porque es el color del sol; **3.** Carmen: A mí me gusta el color rosa, es el color de mi camiseta, y el rojo, es el color de las fresas; **4.** Marcos: A mí me gustan el naranja y el verde. El verde es el color de los árboles y la naranja es mi fruta favorita; **5.** Rocío: A mí me gusta el color violeta, es el color de la lavanda. También me gusta el marrón, es el color del chocolate; **6.** Andrés: Pues a mí me gustan el blanco y el negro. Son los colores de mi balón de fútbol.

Lección 14

Diez, veinte, treinta...
Pista 33. 1. Escucha y lee cómo se presenta Paula.
1. Vivo en Madrid, en el número 94 de la calle Alcalá; **2.** Mi número de móvil es el 625 43 71 83; **3.** Mi número favorito es el 75; **4.** Soy delgada, peso 52 kilos; **5.** Soy alta, mido 1 metro 61; **6.** Soy castaña y tengo el pelo liso y largo: 35 centímetros.

Cuentas hasta 100
Pista 34. 3. Escucha y completa como en el modelo.
30. treinta; 40. cuarenta; 50. cincuenta; 60. sesenta; 70. setenta; 80. ochenta; 90. noventa; 100. cien.

Lección 15

Paseé con Ron
Pista 35. 1. Escucha a Paula y lee.
El sábado me levanté a las 10:00 y desayuné con mis padres y mi prima Clara. Por la tarde, fui al parque con Ron. Él corrió y jugó con otros perros.
El domingo por la mañana, salí con mis amigos. Fuimos a patinar. ¡Hice 30 fotos! Después, volví a casa a las 13:00. Por la tarde, vi la tele.

El pretérito perfecto simple

Pista 36. 4. Escucha y completa con las formas que faltan.

Ver: vi; viste; vio; vimos; visteis; vieron; Hacer: hice; hiciste; hizo; hicimos; hicisteis; hicieron. Ir: fui, fuiste, fue; fuimos; fuisteis; fueron.

Unidad 6

Lección 16

El dormitorio

Pista 37. 4. Escucha y completa el nombre de los muebles con estas sílabas.

1. la estantería; **2.** la mesita de noche; **3.** la silla; **4.** el escritorio; **5.** la alfombra; **6.** la cama.

Lección 17

En mi piso hay...

Pista 38. 1. Escucha la descripción del piso de David. Después, señala el piso correcto.

En mi casa hay una cocina, un salón con terraza, no hay pasillo. Hay dos baños y tres dormitorios. Es un piso grande.

Lección 18

¿Qué vas a hacer?

Pista 39. 1. Observa la página web. Escucha y lee la conversación entre estos amigos.

David   ¿Qué vas a hacer este verano, Tomás?

Tomás   Pues voy a ir a casa de mis tíos, viven en Santander. Mis primos y yo vamos a ir a la playa.

David   ¿Vas a hacer surf?

Tomás   ¡Claro!, con mi prima. Y el 16 de agosto es el cumpleaños de mi primo y va a organizar una fiesta con sus amigos. Vamos a bailar mucho. Y tú, ¿qué vas a hacer?

David   Yo, en julio, voy a ir a un campamento en los Pirineos. Mira la web... ¿te gustan las actividades?

Tomás   ¡Son geniales! ¡Vas a jugar al baloncesto! ¡Qué suerte tienes, David!

David   Sí, también voy a montar a caballo, voy a hacer actividades de multiaventura y voy a nadar en el lago...

Fonética

Pista 42. Escucha y completa estas palabras con *n* o *ñ*.

1. la piña; **2.** la rana; **3.** la araña; **4.** las castañas; **5.** las manos; **6.** el nido; **7.** las montañas; **8.** el pañuelo; **9.** el abanico; **10.** el niño.

Pista 52. Escucha estos apellidos y marca fuerte (F) o suave (S).

1. Ibarra; **2.** Abril; **3.** Latorre; **4.** Murillo; **5.** Redondo; **6.** Olivares; **7.** Becerra; **8.** Grande; **9.** Robles; **10.** Duero.